新时代文化建设 十论

王学斌 著

人民出版社

目　录

导　论

担负新时代的文化使命，续写文化锦绣新篇

2023 年 10 月召开的全国宣传思想文化工作会议，最大的成果是正式提出和系统阐述了习近平文化思想。在习近平新时代中国特色社会主义思想体系中，直接以"思想"命名的习近平文化思想，是继习近平强军思想、习近平经济思想、习近平生态文明思想、习近平外交思想、习近平法治思想之后最新提出的，这是一项重大而崭新的理论命题。作为新时代党领导文化建设实践经验的理论总结，习近平文化思想有其独特的体系构架与理论品格。2024 年 12 月出版的《习近平文化思想学习纲要》，更为我们深入把握该问题提供了极好的范本。

一、研究阐释方面值得深化之处

自党中央正式提出习近平文化思想以来，根据中国知网的统计，截至 2024 年 12 月 31 日，相关研究成果已逾 3000 篇，涉及多个层面，为后续研究奠定了较为坚实的基础。揆诸众多成果，其讨论的焦点与重点主要集中于形成过程、体用结构、理论意蕴、实践路径和创新价值五大专题。不过目前对于习近平文化思想的研究尚处于起步阶段，相关成果难免存在一些不足，无论广度宽度，抑或深度高度皆有值得拓展之处，择其大者，可概括为五个方面。

一是在核心概念、名词或命题的阐释方面，存在"不求甚解"的现象。习近平文化思想中蕴含着大量意蕴甚深且新的概念、名词或命题，亟须学界、理论界予以探讨与攻关。如 2023 年 6 月 2 日，习近平总书记在文化传承发展座谈会上首次提出了"中华文明发展规律"的重要命题，至今尚未见学界有系统专论。与此同时，作为习近平文化思想的重大原创性贡献，为了应对"两个大局"中的文化挑战，担负第二个百年的文化使命，中国共产党的文化理论实现了很大程度的话语创新，构建了一套初具规模的新的话语体系。亟须秉持系统思维，以守正创新的方式对有关创新话语的基本内涵、适用范畴、逻辑关系、整体构架进行梳理与阐释。比如近些年提出的"中华民族的文化主体性""中国共产党的文化领导权""新时代的文化使命""中国特色社会主义文化发展道路""中国式现代化的文化形态""人类文明新形态""具有强大思想引领力、精神凝聚力、价值感召力、国际影响力的新时代中国特色社会主义文化"，彼此间的从属关系、内在关联非常有必要进行细致的探讨。这可以说是党的文化建设的重大基础性理论任务。

二是在重要理论发生、发展与丰富的考察上，存在"不追本源"的问题。习近平文化思想丰富和发展了马克思主义文化理论，因此围绕原理性贡献的探究极为必要。如中国共产党所强调的"文化领导权"问题，回顾理论发展的历程，其源头包括古希腊政治学传统和苏联的文化理论传统，倘不就理论脉络的差异进行辨析，恐怕很难讲清楚习近平文化思想的理论源头与实际贡献。

三是在具体阐释、解读与深化的过程中，存在"以水济水"的情况。非常值得注意的情况是，近年来，党的重要文献或文件频繁使用中国古典概念解释党的理论，文化传承发展座谈会讲话内容最为明显，全国宣传思想文化工作会议上也用"明体达用、体用贯通"来概括习近平文化思想的理论特质。这说明党中央有意识在中国自主知识体系建设方面进行尝试与引领，实现中国本土概念与党的理论话语间的整合。这提示学界、理论界必须扭转一种习以为常的表述风气。坦率而言，我们现在使用的很多话语、概念乃至理论，都是百年来党的理论创新的产物，如缺乏足够清醒的理论自觉，便容易流于自说自话的"圈层"之中，会自觉不自觉地遮蔽很多殊为重要的问题和环节。因此，学界、理论界急需实现自我话语表述的"破圈"。

四是在研究极为重大的理论命题时，存在"绕道而行"的问题。历史经验表明，"两个结合"是我们取得成功的最大法宝。"两个结合"尤其是"第二个结合"是推进习近平文化思想形成与发展的总动力。揆诸现状，在党员干部群体中，还有一些同志对"两个结合"心存疑惑，亟待在理论上加以引导。反观学界、理论界，距离完成这一任务尚任重道远。精通马克思主义的学者，对中华优秀传统文化的关注往往不足；深谙中华优秀传统文化的专家，对马克思主义理论常常并不了解。这必然导致双方一旦涉及"两个结合"尤其是"第二个结合"时，只得选择"扬长避短"，言及一面，实际上还是停留在"自说自话"的层面。因此，广大学者仍需在自我的内在世界实现真正的"两个结合"。

五是在整体把握习近平文化思想的体系性方面，存在"只见树木"的实情。作为一个不断展开的、开放式的思想体系，习近平文化思想在内容上会随着实践探索的持续深入而不断丰富，同时就横向角度审视，对于习近平文化思想的研究应与习近平强军思想、习近平经济思想、习近平生态文明思想、习近平外交思想、习近平法治思想研究产生有机联系，方能使得习近平新时代中国特色社会主义思想如臂使指、融会贯通。目前，这方面的研究比较薄弱。

二、深化研究阐释的三条路径

基于以上不足，加强和深化对习近平文化思想的研究，我们应当厘清研究的脉络、把握研究的重心、打开研究的视野。

首先是"追根溯源"，厘清习近平文化思想研究的脉络。围绕习近平文化思想这一崭新而重大课题的纵深学术研究，应该关注习近平文化思想的思想理论基础、传统文化渊源、实践根据、重要术语、重大论断、科学体系、原理性原创性贡献、理论地位、实践引领、新时代新征程中的重大文化问题等。与此同时，要深入研究习近平文化思想形成发展的实践土壤，特别关注习近平文化思想中具有原创性和深远战略意义的重要术语、重大论断。

恩格斯指出："一门科学提出的每一种新见解，都包含着这门科学的术语的革命。""术语的革命"是思想理论、学术学科创新发展的重要体现。习近平文化思想中包含着一系列新的重要术语，如"文化自信""文化主体性""新的文化使命""新的文化生命体""文明交流互鉴""中华文明发展规律"等。这些重要术语形成的背景及其蕴含的深刻内涵和实践要求都需要我们深化研究。习近平文化思想中还包含着一系列重大论断，如"'两个结合'是我们取得成功的最大法宝""'第二个结合'是又一次的思想解放""马克思主义和中华优秀传统文化来源不同，但彼此存在高度的契合性""经过长期努力，我们比以往任何一个时代都更有条件破解'古今中西之争'"等。这一系列重大论断都是习近平文化思想中极为重要的内容，需要我们深入探索其中的道理、学理和哲理。

立足分类而言，从思想理论基础、传统文化渊源、实践根据的角度展开研究，探讨的是习近平文化思想的形成发展脉络；从重要术语、重大论断、科学体系的角度展开研究，探讨的是习近平文化思想的主体内容；从原理性原创性贡献、理论地位的角度展开研究，探讨的是习近平文化思想的创新价值与时代意义；从实践引领、新时代新征程中的重大文化问题的角度展开研究，探讨的是习近平文化思想的贯彻运用问题。几方面贯通起来，才能深入把握习近平文化思想的体用逻辑问题。

其次是"执一御万"，把握习近平文化思想研究的重心。习近平文化思想研究涉及范畴极为广阔，每个方面都有其独特意义。在当前阶段，习近平文化思想的核心要义即习近平文化思想中的重要术语、重大论断，以及建立在此基础上的科学体系，这是我们研究习近平文化思想时应当把握的重中之重。比如，在 2018 年 8 月召开的全国宣传思想工作会议上，习近平总书记提出了宣传思想工作的"九个坚持"，概括了党的十八大以来在实践中不断深化形成的对宣传思想工作的规律性认识。在 2023 年 6 月召开的文化传承发展座谈会上，习近平总书记总结了党的十八大以来在文化建设中提出的一系列新思想新观点新论断，明确了文化建设方面的"十四个强调"。2024 年 12 月出版的《习近平文化思想学习纲要》从十四个方面梳理、概括出全党学习贯彻习近平文化思想的具体内容与主要部分，这些是我们研究习近平文化思想核心要义的重要遵循。在深化习近平文化思想核心要义研究的过程中，我们要处理好问题意识、守正创新与体用之道三大问题。

一要秉持问题意识。问题是理论创新的起点。中国共产党在推进中国特色社会主义文化建设的实践中，丰富和发展马克思主义文化理论、形成习近平新时代中国特色社会主义思想文化篇的过程，也是面对重大时代之问、文化之问自觉有力回应的过程。近年来，文化领域面临一系列时代之问、文化之问。比如，如何在多样化发展进程中有效确立主导性；如何准确把握科技发展带来的思想文化新课题，使互联网这个最大变量变成事业发展的最大增量；如何破解"古今中西之争"，让拥有一万年文化史、5000多年文明史的中华民族传承好自己的文化基因，同时于新时代中国式现代化的进程中实现辉光日新；如何处理好"中"与"外"的关系，在变乱交织的世界和不同思想文化的风云激荡中，厚植我国文化主体性，坚持文明多样性，增进文明交流互鉴；如何传承与创新文治传统与文教之风，把文化发展的丰富成果真正转化为对经济社会发展、对人的全面发展的有力促进等。

二要坚持守正创新。马克思主义文化思想内涵丰富，无论是文化本身还是思想道德、价值观念、文学艺术、社会科学等文化的不同领域，马克思主义经典作家都有丰富的论述。在马克思主义中国化时代化的进程中，中国共产党人不断续写马克思主义文化理论的新篇章。习近平文化思想中有许多应时代呼声形成的崭新的原理性、原创性内容，也有许多内容是对中国共产党长期实践探索中形成的文化理念和文化理论的坚持与强调。如强调发展面向现代化、面向世界、面向未来的，民族的科学的大众的社会主义文化；强调坚持马克思主义在意识形态领域指导地位；强调坚持为人民服务、为社会主义服务，坚持百花齐放、百家争鸣；强调坚持依法治国和以德治国相结合；强调坚持把社会效益放在首位、社会效益和经济效益相统一；强调深化文化体制机制改革；强调激发全民族文化创新创造活力；等等。在新的时代格局中对这些内容的坚持与强调，绝不是简单的重申和复述，而是注入了新的内涵、生成了新的意义，这也是习近平文化思想的重要组成部分。

三要深研体用之道。习近平文化思想具有"明体达用、体用贯通"的鲜明特征。"明体"和"达用"都有多维的理解角度，如"明体"可以理解为对新时代中国共产党和中华民族新的文化使命是什么的明确定义，理解为对新时代中国特色社会主义文化建设基本理论问题的透彻阐述，理解为对新时代中国特色社会主义文化建设规律的深刻把握等；"达用"可以理解为对我们如何担负起新时代的文化使命的清晰回答，理解为对新时代中国特色社会主义文化建设实践方略的系统论述等。将"明体"与"达用"贯通起来一体考量，择取所立之大者，可见巩固文化主体性是基础，坚持文化领导权乃根本，担负新时代的文化使命为目标，三者相互衔接，构成了习近平文化思想"体用之道"的核心内容。"体者所以用，用者即用其体。"以文化主体性作基石、视文化领导权为根本、悬新时代的文化使命为目标，在螺旋上升式的强"体"运"用"中实现"明体达用"，于迈进伟大复兴中愈加"体用贯通"，这或许是深入把握习近平文化思想体系构架的一种可资参考的视角。

最后是"跳出庐山"，敞开习近平文化思想研究的视野。习近平文化思想内容广博，是一个开放的、不断发展的科学体系。深化对习近平文化思想的研究，必须突破学科壁垒、打开研究视野、汇聚多学科力量，做好有组织科研。同时，要将习近平文化思想的研究与构建中国自主知识体系紧密结合。无论是习近平新时代中国特色社会主义思想的整体研究还是分领域研究，与中国自主知识体系的研究、构建都具有密切的关系。加快构建中国特色哲学社会科学，归根结底是建构中国自主的知识体系。因此，对习近平文化思想的研究与对中国自主知识体系的研究和构建，是同一进程的不同方面，需要紧密结合、扎实推进。

基于如上观察与反思，笔者不揣浅薄，结合近些年研究体会，对新时代中国共产党的文化建设这一重大命题做一探讨。总体而言，笔者以十章的篇幅，试图从习近平文化思想的"谋篇"之道、"开篇"之法入手且作为重点展开专论，梳理思想之酝酿与形成历程，解析部署立意和实施效能，并且着重就"两个结合"这一最大法宝作深入探讨，从而为担负新时代的文化使命、续写新征程上的文化新篇提供一点刍言管见。理论的最大价值，在于指导实践，倘拙作能引发理论界的思考，亦能对从事现实文化创新创造、保护传承的同人有所参考，实在是善莫大焉，甚以欣慰。

识于北京市海淀区沧浪云居

2025 年 1 月 6 日

第一章

从萌发到成熟：新时代文化建设
理论的形成历程

党的十八大以来，习近平总书记站在实现中华民族伟大复兴的战略高度和历史高度，持续对新时代中国特色社会主义文化建设规律进行探寻，提出一系列重大观点与重要部署，构建了主旨鲜明、体系严整、逻辑严密、意蕴深邃的新时代文化建设思想理论体系。正如 2023 年 10 月召开的全国宣传思想文化工作会议所指出的："习近平总书记在新时代文化建设方面的新思想新观点新论断，内涵十分丰富、论述极为深刻，是新时代党领导文化建设实践经验的理论总结，丰富和发展了马克思主义文化理论，构成了习近平新时代中国特色社会主义思想的文化篇，形成了习近平文化思想。"[1] 这是推进文化自信自强，铸就社会主义文化新辉煌的根本遵循，也为在 2035 年建成社会主义文化强国提供了坚实的行动指南。作为一个不断展开的、开放式的思想体系，习近平文化思想之所以能够具备"明体达用、体用贯通"的理论品格与思想特质，必当有其渊源有自的形成历程，对该具体历程的把握，是我们深入理解习近平文化思想的基础所在。

---

[1] 《习近平对宣传思想文化工作作出重要指示强调　坚定文化自信秉持开放包容坚持守正创新　为全面建设社会主义现代化国家全面推进中华民族伟大复兴提供坚强思想保证强大精神力量有利文化条件》，《人民日报》2023 年 10 月 9 日。

一、历史与时代背景

要了解习近平文化思想的提出过程，应在纵深宏阔的背景中去把握。众所周知，当今中国身处百年未有之大变局之中，同时正朝着全面建成社会主义现代化强国、实现第二个百年奋斗目标迈进，这是我国发展新的历史方位。世情、国情、党情的深刻变革，在文化领域有着非常明显的体现。

（一）世情：构建国际话语权与大国文明对话

就世界局势而言，我们面临着构建国际话语权和与大国进行良性文明对话的迫切需要。习近平总书记在 2015 年全国党校工作会议上就指出："落后就要挨打，贫穷就要挨饿，失语就要挨骂。"[1] 国力的不断提升，成就的不断彰显，自然会引来国际社会的高度关注。几十年来的探索，我们在理论、道路、制度、文化等方面，积累和总结出许多值得他国借鉴与参考的经验。但坦率地讲，中国的国际形象很大程度上仍是被他者所塑造，自我塑造的真实形象在世界舞台的传播力影响力尚不足，因此我们时常在国际上遭遇有理说不出、说了传不开、理不屈而词穷的境况，甚至存在着信息流进流出的"逆差"、中国真实形象和西方主观印象的"反差"、软实力和硬实力的"落差"。因此，要下大气力加强国际传播能力建设，全面提升国际传播效能，形成同我国综合国力和国际地位相匹配的国际话语权，并在此基础之上，"共同倡导加强国际人文交流合作，探讨构建全球

1　习近平：《论党的宣传思想工作》，中央文献出版社 2020 年版，第 159 页。

文明对话合作网络，丰富交流内容，拓展合作渠道，促进各国人民相知相亲，共同推动人类文明发展进步"[1]。

（二）国情：文化自信自强与中华民族伟大复兴

再观国内，党的二十大报告明确指出："从现在起，中国共产党的中心任务就是团结带领全国各族人民全面建成社会主义现代化强国、实现第二个百年奋斗目标，以中国式现代化全面推进中华民族伟大复兴。"[2]这昭示着阶段性任务的重大调整。在这个新的历史方位上，更加需要中国特色社会主义文化作为强大精神力量来激励全党全国各族人民奋勇前进，从而彰显文化自信自强。早在地方工作期间，习近平总书记就开始深入考虑文化建设与国家发展的相关问题。在正定时，他就认为"社会主义的物质文明建设和精神文明建设，是建设社会主义不可分割的两个部分，都是硬任务"[3]。在福建时，他又强调领导干部在进行建设时，一定切忌"物质上脱贫了，精神上却愚昧了"[4]。到浙江工作后，他对文化价值和功用的认识更加深入，指出："文化的力量……总是'润物细无声'地融入经济力量、政治力量、社会力量之中，成为经济发展的'助推器'、政治文明的'导航灯'、社会和谐的'黏合剂'。"[5]通过梳理习近平总书记历任地方时对文化建设的讲话与部署，可见他一直很辩证地看待物质文明和精神文明两者之间的关系，强调二者不可偏废。中国式现代化，是物质文明和精神文明

---

1 《习近平出席中国共产党与世界政党高层对话会并发表主旨讲话》，《人民日报》2023 年 3 月 16 日。

2 《习近平著作选读》第一卷，人民出版社 2023 年版，第 18 页。

3 习近平：《知之深，爱之切》，河北人民出版社 2016 年版，第 25 页。

4 习近平：《摆脱贫困》，福建人民出版社 2019 年版，第 155 页。

5 习近平：《之江新语》，浙江人民出版社 2007 年版，第 149 页。

相协调的现代化。物质富足、精神富有是社会主义现代化的根本要求，倘若没有文明的继承和发展，没有文化的弘扬和繁荣，就不可能有中华民族伟大复兴的实现。

（三）党情：意识形态工作日益复杂与价值观趋于多元

进入新时代，我们的党情也更加复杂。意识形态工作是为国家立心、为民族立魂的工作。习近平总书记在 2023 年 10 月召开的全国宣传思想文化工作会议上指出："宣传思想文化工作事关党的前途命运，事关国家长治久安，事关民族凝聚力和向心力，是一项极端重要的工作。"[1] 这是对现阶段党情尤其是意识形态领域的精准判断。改革开放以来，我国经济发展很快，人民生活水平提高也很快，但同时出现了不少问题。其中比较突出的一个问题就是一些人价值观缺失，善恶观念淡漠，行为底线不明，国家观念、集体观念、家庭观念模糊，不讲对错，不问是非，不知美丑。"现在社会上出现的种种问题病根都在这里。这方面的问题如果得不到有效解决，改革开放和社会主义现代化建设就难以顺利推进。"[2] 可知，建设具有强大凝聚力和引领力的社会主义意识形态、培育和践行社会主义核心价值观尤为迫切。

身处世情、国情、党情趋于复杂的新时代，以上问题与挑战必须得到正面的解答。习近平文化思想正是在回应如上问题的过程中走向深入、逐渐形成的。

---

1 《习近平对宣传思想文化工作作出重要指示强调　坚定文化自信秉持开放包容坚持守正创新　为全面建设社会主义现代化国家全面推进中华民族伟大复兴提供坚强思想保证强大精神力量有利文化条件》，《人民日报》2023 年 10 月 9 日。

2 习近平：《论党的宣传思想工作》，中央文献出版社 2020 年版，第 111 页。

二、理论内涵与重要部署

习近平文化思想博大精深，体系完备，既具有高屋建瓴、统摄全局的思想理论，又部署了覆盖到位、针对性强的政策方针。正如全国宣传思想文化工作会议所概括的："习近平文化思想既有文化理论观点上的创新和突破，又有文化工作布局上的部署要求，明体达用、体用贯通，明确了新时代文化建设的路线图和任务书"[1]。因此，我们需要从理论和部署两个层面进行深入而具体的梳理与阐释。

（一）文化自信塑造了习近平文化思想的理论底色

"文化自信"是习近平文化思想的核心内容。《中共中央关于党的百年奋斗重大成就和历史经验的决议》中着重强调："文化自信是更基础、更广泛、更深厚的自信，是一个国家、一个民族发展中最基本、最深沉、最持久的力量"[2]，其重要意义不言而喻。

党的十八大以来，习近平总书记总揽中国特色社会主义事业全局，将文化建设放在治国理政中更加突出的位置。习近平总书记多次专就文化自信问题进行阐释与强调，提出了诸多重要论断，进一步凸显了文化自信的关键性所在，构建出引领新时代的文明观、文化观与理论体系，把中国特

1　《习近平对宣传思想文化工作作出重要指示强调　坚定文化自信秉持开放包容坚持守正创新　为全面建设社会主义现代化国家全面推进中华民族伟大复兴提供坚强思想保证强大精神力量有利文化条件》，《人民日报》2023 年 10 月 9 日。

2　《中共中央关于党的百年奋斗重大成就和历史经验的决议》，《人民日报》2021 年 11 月 17 日。

色社会主义文化理论提升到新水平。仔细梳理习近平文化思想形成的具体历程，深入领会其思想的独有特质，进而增强推进文化自信自强的实践能力，毫无疑问是我们在新时代所面临的重要任务，更是在新的历史起点上继续推动文化繁荣、建设文化强国这一新时代的文化使命之内在要求。

1. 文化自信的基本内涵

文化自信，是一个国家、一个民族、一个政党对自身文化价值的充分肯定，对自身文化生命力的坚定信念。对中国共产党而言，文化自信本质上是指对中国特色社会主义文化的自信。

经过改革开放 40 多年的不懈奋斗与持续追问，我们终于在新时代提炼出文化自信这一指导文化建设领域的原创性理论。文化自信之所以是更基础、更广泛、更深厚的自信，是最基本、最深沉、最持久的力量，即在于它以中华优秀传统文化为根脉，具有无比的厚度；以中国悠久漫长的历史为轴线，具有空前的广度；以 5000 多年的文明为载体，具有独特的高度；以百年来中国共产党人的持续理论创新为灵魂，具有可贵的深度；以无数中国人民的现实生产生活为依托，具有真实的温度。

2. 文化自信与道路自信、理论自信、制度自信

习近平总书记在庆祝中国共产党成立 95 周年大会上明确提出：中国共产党人"坚持不忘初心、继续前进"，就要坚定"四个自信"，即"中国特色社会主义道路自信、理论自信、制度自信、文化自信"，并且"文化自信，是更基础、更广泛、更深厚的自信"。[1] 习近平总书记关于"四个自信"的重要论述，创造性地拓展了党的十八大提出的中国特色社会主义"三个自信"的谱系，凸显出中国特色社会主义的文化根基、文化品格和

---

[1] 中共中央文献研究室编：《习近平关于社会主义文化建设论述摘编》，中央文献出版社 2017 年版，第 13 页。

文化理想。该论断表明，中国特色社会主义文化不仅是中国特色社会主义事业"五位一体"总体布局的重要内容，而且与道路、理论、制度一道并列成为中国特色社会主义基本结构的重要构成。"文化自信"的提出，进一步深化和丰富了中国特色社会主义基本内涵，具有重要的理论创新意义。

一方面，先于文化自信提出的"三个自信"，对文化自信的引领与保障意义自不待言。道路自信是根本，决定命运、关乎前途，它是解决中国走什么路的问题，离开对道路的高度自信，文化自信就会因失去实践方向而难以形成和发展。理论自信是引领，是行动指南，它是解决以什么样的理论来武装全党、教育人民的问题，丧失对理论体系的高度自信，文化自信就会因缺失理性的思想根基而松动、瓦解。制度自信是保障，是体制依托，它是解决用什么样的制度坚持和发展中国特色社会主义的问题，脱离对制度的高度自信，文化自信就失去了保障和依托。

另一方面，文化自信之所以更基础，就在于其对文化本质的认知与表达同中国特色社会主义的发展道路和价值远景紧密相连，同中国特色社会主义能否获得国人的信念认可与信仰认同息息相关；之所以更广泛，就在于其对文化本质的认知与表达同中国特色社会主义能否润物无声地融进广大人民群众的日常生活且发挥以文化人的作用紧密相连，同中国特色社会主义能否担当并实现"人民对美好生活的向往就是我们的奋斗目标"这一庄严承诺息息相关；之所以更深厚，就在于其对文化本质的认知与表达同中国特色社会主义能否延续不辍紧密相连，同讲清楚中华文明的突出特性、文化主体性和价值普遍性等重大命题息息相关。一言以蔽之，文化自信是理解和坚持"中国特色"的依据，无论是道路自信、理论自信，还是制度自信，其形成过程都经历了一个长期的酝酿与完善的过程，它们所共同凭借的资源，依然是我们深厚持久的文化，故文化自信为"三个自信"厚植沃土、带来底气且提供支撑。

3. 文化自信自强与中华民族伟大复兴

文运同国运相牵，文脉同国脉相连。"坚定文化自信，是事关国运兴衰、事关文化安全、事关民族精神独立性的大问题。"[1] 换言之，文化繁荣与否事关国运兴衰、民族强弱。实现中华民族伟大复兴，需要物质文明极大发展，也需要精神文明极大发展。

总而言之，立足文化自信，从而观照与审视中国特色社会主义的根基、主体和方向，无疑是党的十八大以来习近平总书记的一大理论创新。这一理论创新的意义在于：只有把握了中国特色社会主义的文化自信本质，我们对中国特色社会主义的道路自信、理论自信和制度自信方可汲取源源不竭的更基础、更广泛、更深厚之文化力量，亦才能真正树立起中华民族的文化主体性，为建设社会主义文化强国夯实理论根基。

（二）文化发展道路明确了习近平文化思想的发展指向

在 2011 年召开的党的十七届六中全会上，党中央首次提出"坚持中国特色社会主义文化发展道路，深化文化体制改革，推动社会主义文化大发展大繁荣"[2] 的重大命题，之后将其写入党的十八大报告。

党的十八大后不久，习近平总书记就鲜明指出："独特的文化传统，独特的历史命运，独特的基本国情，注定了我们必然要走适合自己特点的发展道路。"[3] 习近平总书记对中国特色社会主义文化发展道路的论述揭示出三层意蕴。首先，指出了坚持中国特色社会主义文化发展道路的现实背景。走中国特色社会主义文化发展道路是中国社会制度和党的性质宗旨的

1　习近平：《论党的宣传思想工作》，中央文献出版社 2020 年版，第 261 页。

2　《中共十七届六中全会在京举行》，《光明日报》2011 年 10 月 19 日。

3　《习近平在全国宣传思想工作会议上强调　胸怀大局把握大势着眼大事努力把宣传思想工作做得更好》，《人民日报》2013 年 8 月 21 日。

必然选择，也是中华民族优秀历史文化传承发展的大势所趋，这既符合中国文化发展规律和人民群众的根本意愿，也是增强文化自信自强的现实需要。"解决中国的问题只能在中国大地上探寻适合自己的道路和办法。数千年来，中华民族走着一条不同于其他国家和民族的文明发展道路。我们开辟了中国特色社会主义道路不是偶然的，是我国历史传承和文化传统决定的。"[1] 其次，揭示了中国特色社会主义文化发展道路的本质属性。那就是要推动中华优秀传统文化创造性转化、创新性发展，继承革命文化，发展社会主义先进文化，最终为实现中华民族伟大复兴强基固本、以文铸魂。再次，对于如何坚持中国特色社会主义文化发展道路明确了具体部署。那就是要坚定文化自信，推动文化繁荣兴盛，始终不忘本来、吸收外来、面向未来，广泛践行社会主义核心价值观，加快构建中国特色的哲学社会科学，繁荣发展社会主义文艺，推动文化事业与文化产业发展。

1. 广泛践行社会主义核心价值观

人无精神则不立，国无精神则不强。唯有精神上站得住、站得稳，一个民族才能在历史洪流中屹立不倒、挺立潮头。同困难作斗争，是物质的角力，也是精神的对垒。习近平总书记在党的二十大报告中指出："社会主义核心价值观是凝聚人心、汇聚民力的强大力量。"[2] 新时代广泛践行社会主义核心价值观，要弘扬以伟大建党精神为源头的中国共产党人精神谱系，充分利用红色资源，赓续红色血脉，深入开展社会主义核心价值观宣传教育等系列活动，着力培养堪当民族复兴大业的时代新人。同时，须大力推动理想信念教育常态化制度化，持续抓好党史、新中国史、改革开放

---

[1] 《习近平在中共中央政治局第十八次集体学习时强调　牢记历史经验历史教训历史警示　为国家治理能力现代化提供有益借鉴》，《人民日报》2014 年 10 月 14 日。

[2] 《习近平著作选读》第一卷，人民出版社 2023 年版，第 36 页。

史、社会主义发展史、中华民族发展史学习推广，在全国人民心中不断坚定与筑牢中国特色社会主义共同理想。进而紧扣广泛践行之实效，持续用社会主义核心价值观铸魂育人，推进大中小学思想政治教育一体化建设，落实"人师"与"经师"相统一的重要标准。坚持依法治国和以德治国相结合，把社会主义核心价值观润物无声地融入法治、社会、生活等各领域各层级工作当中。

2. 繁荣发展社会主义文艺

文艺是民族精神的火炬，是时代前进的号角，鲜明体现一个民族的风貌，及时引领一个时代的风气。习近平总书记在文艺工作座谈会上指出："优秀文艺作品反映着一个国家、一个民族的文化创造能力和水平。"在我国，"人民的需要是文艺存在的根本价值所在。能不能搞出优秀作品，最根本的决定于是否能为人民抒写、为人民抒情、为人民抒怀"。与此同时，必须认识到"中国精神是社会主义文艺的灵魂"，始终坚持"党的领导是社会主义文艺发展的根本保证"。[1] 这就要求广大文艺工作者务必解决好"为了谁、依靠谁、我是谁"这个根本问题，把以人民为中心作为文艺创作的最高准则，自觉在深入基层、体验生活、扎根人民、揭示现实中进行无愧于时代的创作和创造；并且发扬学术民主、艺术民主，不断激发文艺活力，持续推动文艺创新，从而为实现第二个百年奋斗目标、实现中华民族伟大复兴的中国梦提供强大的价值引导力、文化凝聚力、精神推动力。

3. 繁荣发展文化事业和文化产业

关于推动文化事业和文化产业的发展，习近平总书记明确指出，要在继续大胆推进改革、推动文化事业全面繁荣和文化产业快速发展、建设社会主

---

[1]　习近平：《论党的宣传思想工作》，中央文献出版社2020年版，第98、105、110、116页。

义文化强国的同时，把握好意识形态属性和产业属性、社会效益和经济效益的关系，始终坚持社会主义先进文化前进方向，始终把社会效益放在首位。

衡量文化产业发展质量和水平，最重要的不是看经济效益，而是看能不能提供更多既能满足人民文化需求又能增强人民精神力量的文化产品。放眼未来，须继续深化文化体制改革，完善文化产业规划和政策，不断扩大优质文化产品供给。要顺应数字产业化和产业数字化发展趋势，推进国家文化数字化战略，加快发展新型文化业态，改造提升传统文化业态，提高质量效益和核心竞争力。要围绕国家重大区域发展战略，把握文化产业发展特点规律和资源要素条件，促进形成文化产业发展新格局。同时，秉承赓续中华文脉的总体要求，加大历史文化遗产保护力度，做好分层次的统计与监管，在推进城镇化建设、乡村振兴中注重历史文化保护传承与活化利用，建好用好长江、黄河、大运河、长城、长征等五大国家文化公园。坚持以文塑旅、以旅彰文的宗旨，推进文化和旅游深度融合，探寻新的生长点。

通观以上三个方面，习近平总书记对于中国特色社会主义文化发展道路的论断和要求，说明这既是一项长期艰巨的任务，又是一项系统全面的工程，需要我们通盘谋划、步步为营，持之以恒、久久为功。

（三）文明交流互鉴彰显了习近平文化思想的天下立场

当代中国的崛起和民族复兴已经成为世界重大历史趋势。"文明因交流而多彩，文明因互鉴而丰富。文明交流互鉴，是推动人类文明进步和世界和平发展的重要动力。"[1]习近平总书记审时度势，指出要立足当今，继承传统，面向未来，展示中华优秀传统文化的独特魅力，阐释中国特色社

---

1 习近平：《论党的宣传思想工作》，中央文献出版社2020年版，第62页。

会主义文化的价值底蕴，从而形成了综合、宏大、深远且可大可久的文明交流互鉴思想。

1. 文明是多元的、平等的、包容的

2014年3月27日，在巴黎联合国教科文组织总部的演讲中，习近平总书记提出，"文明是多彩的，人类文明因多样才有交流互鉴的价值"，"文明是平等的，人类文明因平等才有交流互鉴的前提"，"文明是包容的，人类文明因包容才有交流互鉴的动力"，系统概括了"文明是多元的、平等的、包容的"主张。该主张植根于中国的历史基础、现实境遇及世界的既往大势、当前潮流。首先，"中华文明经历了五千多年的历史变迁，但始终一脉相承，积淀着中华民族最深层的精神追求，代表着中华民族独特的精神标识，为中华民族生生不息、发展壮大提供了丰厚滋养。中华文明是在中国大地上产生的文明，也是同其他文明不断交流互鉴而形成的文明"。其次，"没有文明的继承和发展，没有文化的弘扬和繁荣，就没有中国梦的实现"。[1] 可知，返本开新、继承创造、平等交流、共促发展是中国共产党关于中华文明乃至人类文明的基本态度。

2. 推动构建人类命运共同体

2013年3月23日，习近平总书记在莫斯科国际关系学院演讲时提出了"命运共同体"的新概念，他指出："这个世界，各国相互联系、相互依存的程度空前加深，人类生活在同一个地球村里，生活在历史和现实交汇的同一个时空里，越来越成为你中有我、我中有你的命运共同体"，因而"面对国际形势的深刻变化和世界各国同舟共济的客观要求，各国应该共同推动建立以合作共赢为核心的新型国际关系，各国人民应该一起来维

1 习近平：《论党的宣传思想工作》，中央文献出版社2020年版，第62—68页。

护世界和平、促进共同发展"。¹ 这是习近平总书记第一次用"命运共同体"的概念向世界传递了中国对人类文明走向的思考。2016 年，在庆祝中国共产党成立 95 周年大会上，习近平总书记更是明确指出："中国始终是世界和平的建设者、全球发展的贡献者、国际秩序的维护者，愿扩大同各国的利益交汇点，推动构建以合作共赢为核心的新型国际关系，推动形成人类命运共同体和利益共同体。"² 这些重要论述揭示了人类利益和价值的通约性，在国与国关系中寻找最大公约数，在国际社会引发强烈共鸣。2017 年 2 月 10 日，"构建人类命运共同体"写进了联合国社会发展委员会第 55 届会议决议。这是"人类命运共同体"第一次载入联合国相关决议。2020 年 9 月 22 日，在第 75 届联合国大会一般性辩论上的讲话中，习近平总书记又发出"坚守和平、发展、公平、正义、民主、自由的全人类共同价值"³ 的倡议。2023 年 3 月 15 日，习近平总书记在中国共产党与世界政党高层对话会上提出"全球文明倡议"，从四个方面进一步为置身于世界百年未有之大变局中的各国提供了一份真诚可敬、切实可行的中国方案。"全球文明倡议"是中国共产党继 2021 年 9 月 21 日在第 76 届联合国大会一般性辩论上提出"全球发展倡议"、2022 年 4 月 21 日在博鳌亚洲论坛开幕式主旨演讲中提出"全球安全倡议"后，紧紧围绕构建人类命运共同体的重大命题提出的第三个全球性质的倡议。综观这三大倡议，犹如支撑着人类命运共同体的三根坚固的柱石，保障这一理念得以行稳致

1　习近平：《顺应时代前进潮流　促进世界和平发展——在莫斯科国际关系学院的演讲》，《人民日报》2013 年 3 月 24 日。

2　习近平：《在庆祝中国共产党成立 95 周年大会上的讲话》，《人民日报》2016 年 7 月 2 日。

3　《习近平在第七十五届联合国大会一般性辩论上发表重要讲话》，《人民日报》2020 年 9 月 23 日。

远、光耀世界。这提示全球各国，应意识到现代化道路的探索必须置于自身文明的根性之中，中国式现代化的成果探索，即深深扎根于 5000 多年绵延不绝且深厚丰赡的中华文明沃土之中，所以我们倡导坚持文明平等、互鉴、对话、包容，充分挖掘各国历史文化的时代价值；现代化愿景的实现必须置于良性文明对话之中，所以我们倡导和平、发展、公平、正义、民主、自由的全人类共同价值，主张不搞意识形态对抗，积极推进全球文明对话合作网络的构建，即意在促进各国文明对话的路径更明确、平台更宽广、机制更完善。

由此可见，这一系列重要讲话和论述，对推动"构建人类命运共同体"新理念、新思想的广泛传播，起到了极其重要的作用。

3. 讲好中国故事，提升国际话语权

提高国家文化软实力，就必须使当代中国价值观念走向世界，必须把当代中国价值观念贯穿于国际交流和传播全过程全领域全方位，凸显中国特色，让国际社会更进一步加深认识和了解中国特色社会主义。习近平总书记反复强调，"展现可信、可爱、可敬的中国形象。加强国际传播能力建设，全面提升国际传播效能，形成同我国综合国力和国际地位相匹配的国际话语权"[1]。

习近平总书记本人就是讲故事的高手。无论是在重要国际场合的演讲，还是在海外报刊发表的署名文章，他都善于用故事来感染他人，展示主张。比如习近平总书记在 2022 年北京冬奥会前夕会见国际奥委会主席巴赫时表示，"世界各国与其在 190 多条小船上，不如同在一条大船上，共同拥有更美好未来，所以我们提出了'一起向未来'的北京冬奥会口号"。小船与大船之喻，不单是形象的奥运精神之喻，还是现实的国际格

---

1 《习近平著作选读》第一卷，人民出版社 2023 年版，第 38 页。

局之喻，更是深沉的人类命运之喻。这意味着需要各国摒弃狭隘的偏见与私利，坚守全人类共同价值，遵循超越国界、族群、意识形态等藩篱羁绊的大爱，携手建设和谐合作的国际大家庭。可见，讲好中国故事，提升国际话语权，就是要用事实说服人，以形象打动人，凭情感感染人，借道理影响人，事上见理，从而构建中国共产党文明型政党的形象，树立中国文明大国的国际形象。

应当说，习近平总书记有关文明交流互鉴思想的系列重要论述、阐释，既规定着当代中国文化强国建设的现实绩效与文化高度，也必然彰显出习近平文化思想的精神实质与世界意义。

（四）建设文化强国与新时代的文化使命展现了习近平文化思想的宏远目标

党的二十大报告明确指出："从现在起，中国共产党的中心任务就是团结带领全国各族人民全面建成社会主义现代化强国、实现第二个百年奋斗目标，以中国式现代化全面推进中华民族伟大复兴。"[1]2035 年建成文化强国，是党中央在文化建设方面的具体部署。早在 2011 年 10 月 18 日召开的党的十七届六中全会上，我们党通过了《中共中央关于深化文化体制改革推动社会主义文化大发展大繁荣若干重大问题的决定》，明确提出"努力建设社会主义文化强国"的总体目标，并按照实现全面建设小康社会奋斗目标要求，部署了一系列具体可行的任务。2023 年 6 月 2 日，习近平总书记在文化传承发展座谈会上强调："在新的起点上继续推动文化繁荣、建设文化强国"[2]，这意味着中国共产党明确了新时代所担负的文化使命。

1　《习近平著作选读》第一卷，人民出版社 2023 年版，第 18 页。

2　习近平：《在文化传承发展座谈会上的讲话》，人民出版社 2023 年版，第 10 页。

1. 文化强国的目标指向

党的十八大以来，我们党锚定目标不更改，锁定任务不松懈，稳扎稳打、步步为营，全民族文化创造活力大为增强、文化自信显著提升，如期顺利完成了"为把我国建设成为社会主义文化强国打下坚实基础"的阶段性任务。因此，党的十九届五中全会确立到2035年建成文化强国的远景目标，展现了国家战略的延续性。这无疑要求在新征程上的文化建设，务必在"强"字上下大功夫，为新时代的文化使命打下坚实基础，从而为实现第二个百年奋斗目标提供坚强思想指引和强大精神支撑。

2. 文化强国建设所需注意的原则

习近平总书记在党的二十大报告中明确指出，要"围绕举旗帜、聚民心、育新人、兴文化、展形象建设社会主义文化强国"[1]。可见，未来文化强国的建设须注重整体性、全局性与实效性，三种原则当务必把握。一是切实处理好部分开展与整体推进的关系。文化建设始终是"五位一体"总体布局中的有机部分，因此我们在谋篇布局时切不可以偏概全，自说自话，应充分发挥其经济发展的"助推器"、政治文明的"导航灯"、社会和谐的"黏合剂"、生态文明的"素材库"作用。二是一定兼顾好短期进展与长期发展的关系。我们既需低头拉车完成既定目标，还需抬头看路统筹长远规划，毕竟文化资源亦非取之不尽、用之不竭，做好文化建设的"可持续发展"势在必行。三是必须正视实际与实效的关系。望之无形，又无处不在，这是文化的实际与常态。未来的文化强国建设，一定要朝着将文化落在实处、化入心田的目标推进，扎扎实实提升全民族全社会文明程度，在满足人民群众物质富足的同时，也须充盈大家的精神家园，实现广大人民群众思想境界、精神状态、文化修养的明显提升，让文化强国真正

1　《习近平著作选读》第一卷，人民出版社2023年版，第35页。

"强"起来。

3.新时代的文化使命之宏大图景

2024年12月，《习近平文化思想学习纲要》正式出版，又一次明确了中国共产党"新时代的文化使命"的重要论断。这既是关乎未来中国特色社会主义文化建设的规划图，更是一份创造中国式现代化文化形态的宣言书。

根据习近平总书记在文化传承发展座谈会上关于"在新的起点上继续推动文化繁荣、建设文化强国"的部署，可见这一目标的提出，紧扣第二个百年奋斗目标，同时将文化强国纳入其进程之中。更为关键的是，"新时代的文化使命"一定属于"两个结合"尤其是"第二个结合"的未来成果，这是我们把握这一关乎习近平文化思想的未来图景、中国特色社会主义文化建设的全新气象、中华民族伟大复兴的文明格局的核心方法论。

进而言之，与"建设文化强国"横跨"两个一百年"的特征不同，"新时代的文化使命"是立足新的历史起点即第二个百年而提出的命题。准确把握这一命题，至少要从三个层次来着眼。首先，这是增强实现中华民族伟大复兴的精神力量的重要部署。建设真正高度发达的具有强大思想引领力、精神凝聚力、价值感召力、国际影响力的新时代中国特色社会主义文化，才能够为伟大复兴固本铸魂。其次，这是赋予中国式现代化深厚文明底蕴的重要举措。中国式现代化，须深深植根于中华优秀传统文化。再次，这或许是继文化强国建设如期完成后的更高目标。待文化强国基本建成后，为了全面实现社会主义现代化建设，乃至更高目标，势必要在文化层面预先设置更为高远的战略，故党中央在新的历史起点上提出"新时代的文化使命"的命题，可谓立足长远，谋划深邃。

三、现实意义与战略高度

习近平文化思想是习近平总书记地方实践经验与治国理政方略相结合的重要理论结晶。25 年的地方从政经历与实践，使得习近平总书记积累了丰富、系统、深入的文化建设经验和思考；党的十八大以来治国理政的重大举措，使得习近平总书记从全局通盘审视中国特色社会主义文化的发展大计。正如《中共中央关于党的百年奋斗重大成就和历史经验的决议》中所指出的："党的十八大以来，我国意识形态领域形势发生全局性、根本性转变，全党全国各族人民文化自信明显增强，全社会凝聚力和向心力极大提升，为新时代开创党和国家事业新局面提供了坚强思想保证和强大精神力量。"[1] 因此，习近平文化思想既具有强烈的立足中国的现实意义，又具有深沉的关乎长远的战略内涵。

习近平文化思想实现了对新时代诸多文化原创性理论的集成。所谓"集成"，并非将各种思想罗列聚集于一起，实际上还涉及彼此间层次地位的更迭与重置，这从文化自信、社会主义核心价值观、文明交流互鉴等重要理论成果间的内在关联清晰可见。尤其是在 2023 年全国宣传思想文化工作会议上，最为明显的变化，是将文化自信提升到文化建设所需遵循的基本原则之中，即"坚定文化自信"。文化自信理论是接续文化自觉理论，解答新时代文化建设诸多问题的"升级版"理论。立足担负新时代的文化使命的宏阔目标，文化自信被赋予了更高更深更多的意义，即作为一种基

---

1 《中共中央关于党的百年奋斗重大成就和历史经验的决议》，《人民日报》2021 年 11 月 17 日。

本原则或方法论，作为提振和指导精神文明建设的内在动力与要求，促使中国特色社会主义文化建设朝着实现文化转型和文明更新的道路迈进。以文化自信为例，我们或可窥知，在习近平文化思想形成之际，某些既有的命题、理论亦具备了新义，有待我们继续研究与阐释。

习近平文化思想达致了对新时代诸多文化部署系统性的整合。所谓"整合"，不单单是具体部署条分缕析、各安其位，更是通过深层次的配置和协作取得愈加贯通的效果。2023年全国宣传思想文化工作会议的名称与2013年、2018年两次会议相比，增加了"文化"二字，某种程度上说，此次会议意味着完成了三项重大领域工作的整合，这是形成习近平文化思想的题中应有之义，也更有利于今后相关部署的协调与落实。从2018年宣传思想工作会议上的"九个坚持"，到2023年文化传承发展座谈会上的"十四个强调"，再到2023年全国宣传思想文化工作会议上习近平总书记所强调的"七个着力"要求，习近平文化思想形成的脉络，就是不断强"体"运"用"的深度整合过程，其中内在的实践逻辑即以立为本、立破并举，终至明体达用、体用贯通。不妨以"七个着力"为例。这七个方面，意在侧重当前和未来文化建设工作的具体部署。"着力加强党对宣传思想文化工作的领导"是总体要求，"着力建设具有强大凝聚力和引领力的社会主义意识形态"已上升为根本制度保障；"着力培育和践行社会主义核心价值观"体现党的内在理念价值与精神追求；"着力提升新闻舆论传播力引导力影响力公信力"是党的一项重要工作，是治国理政、定国安邦的大事；"着力赓续中华文脉、推动中华优秀传统文化创造性转化和创新性发展"是实现文化传承发展的方针与方法；"着力推动文化事业和文化产业繁荣发展"是如期建成文化强国的具体路径；"着力加强国际传播能力建设、促进文明交流互鉴"是提升国际话语权与进行良性文明对话的基本保证。七个方面各司其职，且内外相系、彼此贯通，恰是系统性整合的特质所在。

习近平文化思想展现了对新时代诸多文化立场开放性的扩容。所谓"扩容"，意味着已有的思想理论体系既有着广纳四方才智的胸怀，也说明该体系始终处于进行时，很多关乎重大方面与领域的议题尚需不断拓展、阐释。正如 2023 年全国宣传思想文化工作会议指出的，习近平文化思想是一个不断展开的、开放式的思想体系，必将随着实践深入不断丰富发展完善。这提示我们，今后对于习近平文化思想的研究与阐释，要至少具备三种视野。一是回溯式的视野，从习近平总书记地方实践入手，梳理其开放性的思想体系由何而来；二是展望式的视野，从党和国家所面临的文化领域的新形势新任务甚至新问题新挑战入手，预估开放性的思想体系向何发展；三是全球式的视野，从人类命运共同体、全球文明倡议等重要理念、文本入手，剖析开放性的思想体系如何作出世界贡献。

习近平文化思想博大精深，内涵丰富，它体现了鲜明的实践性与总体性、民族性与时代性、现实性与理想性、包容性与原则性的高度统一，其认识文化的全局视野、系统思维、科学方法构成了整体文化观。习近平文化思想确立了新时代中国特色社会主义文化建设的战略地位、目标任务、创新范式和发展道路，为中华民族文化传承发展指明方向，为人类文明交流互鉴提供中国方案，为中国共产党巩固执政基础凝聚思想保障，为人民日益增长的美好生活需要培育文化土壤。深入理解习近平文化思想形成历程，务必要悉心把握这一宏大"文化篇"的具体"谋篇"思路、"开篇"方法与"通篇"构架，从而于新的历史起点上再续"新篇"。

第二章

明体为纲，执一御万：新时代文化建设的演进脉络

——以三次全国宣传思想（文化）工作会议为线索的考察

作为新时代文化建设理论的集大成者，作为"明体达用、体用贯通"的理论体系，"习近平文化思想既有文化理论观点上的创新和突破，又有文化工作布局上的部署要求"[1]，自当于一个较为长期的过程中酝酿、发轫、展开并最终丰富成型。

因此，要想深入理解习近平文化思想所蕴含的体用理念的精髓所在，需细致梳理新时代以来宣传思想文化领域工作布局与推进的一贯思路，从而把握其形成的实际脉络。本章以党的十八大以来党中央所召开的三次全国宣传思想（文化）工作会议为考察线索[2]，以求厘清习近平文化思想形成过程中的演进逻辑。

1　《习近平对宣传思想文化工作作出重要指示强调　坚定文化自信秉持开放包容坚守正创新　为全面建设社会主义现代化国家全面推进中华民族伟大复兴提供坚强思想保证强大精神力量有利文化条件》，《人民日报》2023 年 10 月 9 日。

2　需要略加解释的是，因习近平总书记在 2013 年、2018 年及 2023 年三次全国宣传思想（文化）工作会议上的讲话全文皆未公开，故笔者所依据的基本文献材料是《人民日报》刊发的三份会议通稿及其后由中央党史和文献研究院编辑出版的相关著作里的部分资料。

一、把握大势，立破并举

改革开放以后，党坚持物质文明和精神文明两手抓、两手硬，推动社会主义文化繁荣发展，振奋了民族精神，凝聚了民族力量。可以说，党的十八大前后，通过全党和全国各族人民不懈努力，"文化建设迈上新台阶。社会主义核心价值体系建设深入开展，文化体制改革全面推进，公共文化服务体系建设取得重大进展，文化产业快速发展，文化创作生产更加繁荣，人民精神文化生活更加丰富多彩。全民健身和竞技体育取得新成绩"[1]。同时不容忽视的是，彼时社会上拜金主义、享乐主义、极端个人主义和历史虚无主义等错误思潮不时出现，网络舆论乱象丛生，一些领导干部政治立场模糊、缺乏斗争精神，严重影响人们思想和社会舆论环境。习近平总书记上任伊始，即立足于实现中华民族伟大复兴的战略高度，怀着强烈的问题意识和巨大的使命担当，反复强调："宣传思想工作一定要把围绕中心、服务大局作为基本职责，胸怀大局、把握大势、着眼大事，找准工作切入点和着力点，做到因势而谋、应势而动、顺势而为。"[2]五年中，以习近平同志为核心的党中央采取立破并举的推进方式，逐渐扭转了宣传思想文化领域的诸多问题，关于新时代文化建设方面的新思想新观点新论断体系初见雏形。

面对意识形态领域党的领导弱化问题，以及新形势下意识形态领域斗

---

1 中共中央文献研究室编：《十八大以来重要文献选编》（上），中央文献出版社 2014 年版，第 3 页。

2 《习近平在全国宣传思想工作会议上强调 胸怀大局把握大势着眼大事努力把宣传思想工作做得更好》，《人民日报》2013 年 8 月 21 日。

争复杂尖锐的状况，党中央立破并举、激浊扬清，牢牢掌握意识形态工作领导权和主导权，坚持正确导向，提高引导能力，壮大主流思想舆论。在 2013 年全国宣传思想工作会议上，习近平总书记强调："意识形态工作是党的一项极端重要的工作"[1]，能否做好意识形态工作，事关党的前途命运，事关国家长治久安，事关民族凝聚力和向心力。之后又指出："历史和现实都警示我们，思想舆论阵地一旦被突破，其他防线就很难守得住。在意识形态领域斗争上，我们没有任何妥协、退让的余地，必须取得全胜。"[2]

具体而言，首先，巩固马克思主义在意识形态领域的指导地位，巩固全党全国人民团结奋斗的共同思想基础。中央政治局在五年里先后围绕历史唯物主义、辩证唯物主义、马克思主义政治经济学和推进马克思主义中国化时代化大众化进行了四次集体学习，并召开了纪念毛泽东同志诞辰120 周年座谈会、全国党校工作会议和全国高校思想政治工作会议等，为解决相关问题作出了明确部署。习近平总书记强调："马克思主义就是我们党和人民事业不断发展的参天大树之根本，就是我们党和人民不断奋进的万里长河之泉源。"[3]要立足我国实际，以我们正在做的事情为中心，聆听人民心声，回应现实需要，深入总结中国特色社会主义实践，更好实现马克思主义基本原理同当代中国具体实际相结合，同时也要放宽视野，吸收人类文明一切有益成果，不断创新和发展马克思主义。习近平总书记明

1　《习近平在全国宣传思想工作会议上强调　胸怀大局把握大势着眼大事努力把宣传思想工作做得更好》，《人民日报》2013 年 8 月 21 日。

2　中共中央党史和文献研究院编：《习近平关于社会主义精神文明建设论述摘编》，中央文献出版社 2022 年版，第 73 页。

3　《习近平在中共中央政治局第四十三次集体学习时强调　深刻认识马克思主义时代意义和现实意义　继续推进马克思主义中国化时代化大众化》，《人民日报》2017 年 9 月 30 日。

确指出:"党校特别是中央党校要坚持以马克思主义为指导,在研究上多下功夫,多搞'集成'和'总装',多搞'自主创新'和'综合创新',为建设具有中国特色、中国风格、中国气派的哲学社会科学体系作出贡献。党校要发挥自己马克思主义基本理论学科优势,认真研究、宣传、阐述党的思想理论,加强党的基本理论研究,更加及时地发出中国声音、更加鲜明地展现中国思想、更加响亮地提出中国主张。"[1]另外,针对思想政治工作,习近平总书记强调:"要坚持把立德树人作为中心环节,把思想政治工作贯穿教育教学全过程,实现全程育人、全方位育人,努力开创我国高等教育事业发展新局面。"[2]

其次,突出强调坚持党的新闻舆论工作的正确政治方向。党的新闻舆论工作是党的一项重要工作,是治国理政、定国安邦的大事。在新的时代条件下,党的新闻舆论工作的职责和使命是:高举旗帜、引领导向,围绕中心、服务大局,团结人民、鼓舞士气,成风化人、凝心聚力,澄清谬误、明辨是非,联接中外、沟通世界,切实提高党的新闻舆论传播力、引导力、影响力、公信力。特别是在提升国际传播能力方面,习近平总书记强调:"要精心做好对外宣传工作,创新对外宣传方式,着力打造融通中外的新概念新范畴新表述,讲好中国故事,传播好中国声音。"[3]这实际上为之后的国际传播能力建设和提升国际话语权工作指明了路径方向。

再次,展现出对网络安全和信息化工作前所未有的关注和重视。要本着对社会负责、对人民负责的态度,树立正确的网络安全观。依法加强网

1　习近平:《论党的宣传思想工作》,中央文献出版社2020年版,第160页。

2　习近平:《论党的宣传思想工作》,中央文献出版社2020年版,第275页。

3　《习近平在全国宣传思想工作会议上强调　胸怀大局把握大势着眼大事努力把宣传思想工作做得更好》,《人民日报》2013年8月21日。

络空间治理，加强网络内容建设，做强网上正面宣传，培育积极健康、向上向善的网络文化，用社会主义核心价值观和人类优秀文明成果滋养人心、滋养社会，做到正能量充沛、主旋律高昂，为广大网民特别是青少年营造一个风清气正的网络空间。

第四，在新时代对哲学社会科学工作提出了关乎大局的新要求。加快构建中国特色哲学社会科学，按照立足中国、借鉴国外，挖掘历史、把握当代，关怀人类、面向未来的思路，着力构建中国特色哲学社会科学，在指导思想、学科体系、学术体系、话语体系等方面充分体现中国特色、中国风格、中国气派，注意加强话语体系建设。

面对在迈向文化强国建设过程中文化理论亟待升级的需求，党中央高瞻远瞩、循序渐进，提出了文化自信这样统领全局的原创性理论。党的十八大之前，党的文化理论以"文化自觉"为主导，这可以说是解答改革开放以来文化转型问题的"1.0 版方案"。在 2013 年全国宣传思想工作会议上，习近平总书记曾意味深长地提出了一个宏大命题："要讲清楚每个国家和民族的历史传统、文化积淀、基本国情不同，其发展道路必然有着自己的特色；讲清楚中华文化积淀着中华民族最深沉的精神追求，是中华民族生生不息、发展壮大的丰厚滋养；讲清楚中华优秀传统文化是中华民族的突出优势，是我们最深厚的文化软实力；讲清楚中国特色社会主义植根于中华文化沃土、反映中国人民意愿、适应中国和时代发展进步要求，有着深厚历史渊源和广泛现实基础。"[1]"四个讲清楚"的要求，预示着进入新时代，持续变化的文化形势和与日俱增的文化使命，要求党中央提炼出新的理论加以统领文化大局。2013 年 5 月 4 日，习近平总书记在同

---

1 《习近平在全国宣传思想工作会议上强调　胸怀大局把握大势着眼大事努力把宣传思想工作做得更好》，《人民日报》2013 年 8 月 21 日。

各界优秀青年代表座谈时指出："中国特色社会主义是物质文明和精神文明全面发展的社会主义。一个没有精神力量的民族难以自立自强，一项没有文化支撑的事业难以持续长久。"[1] 这实际上已经提出了依靠什么力量能够保证中国特色社会主义事业持续发展的命题。在 2014 年 2 月 24 日十八届中央政治局第十三次集体学习时，习近平总书记明确提出了"增强文化自信和价值观自信"[2]。之后，习近平总书记又连续多次对"文化自信"加以强调。2016 年 7 月 1 日，在庆祝中国共产党成立 95 周年大会上的讲话中，习近平总书记对文化自信的基本构成、地位和作用作了集中阐述。他指出，"全党要坚定道路自信、理论自信、制度自信、文化自信"，"文化自信，是更基础、更广泛、更深厚的自信"。[3] 在党的十九大报告中，习近平总书记站在新时代历史使命的高度上，提出了"坚定文化自信，推动社会主义文化繁荣兴盛"[4] 的文化新任务。文化自信成为习近平总书记治国理政的新理念新思想新战略，也可以说是解答新时代文化建设问题的"2.0 版方案"。尚需注意的是，文化自信的凸显，并不代表文化自觉的淡出。文化自信与文化自觉之间是一种辩证的、共生共在的关系，文化自信应当建立在具有反思性的文化自觉的基础之上，只有这样才能实现对文化自信更为深刻的理解。

1　习近平：《在同各界优秀青年代表座谈时的讲话》，《人民日报》2013 年 5 月 5 日。

2　《习近平在中共中央政治局第十三次集体学习时强调　把培育和弘扬社会主义核心价值观作为凝魂聚气强基固本的基础工程》，《人民日报》2014 年 2 月 26 日。

3　中共中央党史和文献研究院编：《十八大以来重要文献选编》（下），中央文献出版社 2018 年版，第 348—349 页。

4　《习近平著作选读》第二卷，人民出版社 2023 年版，第 33 页。

　　面对党的十八大前后"一些领域存在道德失范、诚信缺失现象"[1]的严峻情形，党中央坚持以社会主义核心价值观引领文化建设，注重用社会主义先进文化、革命文化、中华优秀传统文化培根铸魂。在2014年10月15日召开的文艺工作座谈会上，习近平总书记对改革开放以来价值观领域存在的问题有过极为鲜明且深刻的揭示："一些人价值观缺失，观念没有善恶，行为没有底线，什么违反党纪国法的事情都敢干，什么缺德的勾当都敢做，没有国家观念、集体观念、家庭观念，不讲对错，不问是非，不知美丑，不辨香臭，浑浑噩噩，穷奢极欲。现在社会上出现的种种问题病根都在这里。"[2]正是基于此种现实，习近平总书记亲自部署，务求实效，明确指出文化软实力的灵魂和重点就是核心价值观，"这是决定文化性质和方向的最深层次要素。一个国家的文化软实力，从根本上说，取决于其核心价值观的生命力、凝聚力、感召力"[3]。2013年12月11日，中共中央办公厅印发了《关于培育和践行社会主义核心价值观的意见》，指出社会主义核心价值观是社会主义核心价值体系的内核，体现社会主义核心价值体系的根本性质和基本特征，反映社会主义核心价值体系的丰富内涵和实践要求，是社会主义核心价值体系的高度凝练和集中表达。[4]通过中央政治局集体学习、赴北京大学、上海调

1　中共中央文献研究室编:《十八大以来重要文献选编》(上)，中央文献出版社2014年版，第4页。

2　中共中央文献研究室编:《十八大以来重要文献选编》(中)，中央文献出版社2016年版，第133—134页。

3　《习近平在中共中央政治局第十三次集体学习时强调　把培育和弘扬社会主义核心价值观作为凝魂聚气强基固本的基础工程》，《人民日报》2014年2月26日。

4　中共中央文献研究室编:《十八大以来重要文献选编》(上)，中央文献出版社2014年版，第578页。

研、组织座谈会等多种途径，党中央将培育和践行社会主义核心价值观作为一项推进中国特色社会主义伟大事业、实现中华民族伟大复兴中国梦的战略任务。五年的持之不懈，党的十九大报告将社会主义核心价值观明确写入，且给予"当代中国精神的集中体现，凝结着全体人民共同的价值追求"[1] 的定位。

面对党的十八大之前国人对于中华文化认知尚不明晰的情况，习近平总书记强调，中华优秀传统文化是中华民族的突出优势，是我们在世界文化激荡中站稳脚跟的根基，必须结合新的时代条件传承和弘扬好。2013年11月，习近平总书记在山东曲阜考察时开宗明义："一个国家、一个民族的强盛，总是以文化兴盛为支撑的，中华民族伟大复兴需要以中华文化发展繁荣为条件。"[2] 2013年12月30日，习近平总书记在十八届中央政治局第十二次集体学习时指出，"在去粗取精、去伪存真的基础上，坚持古为今用、推陈出新，努力实现中华传统美德的创造性转化、创新性发展"[3]。之后，习近平总书记在不同场合多次强调"两创"相关事宜。到2017年1月25日，中共中央办公厅、国务院办公厅联合发布了《关于实施中华优秀传统文化传承发展工程的意见》，将"两创"作为实施该工程的基本原则。到党的十九大，大会报告正式将"创造性转化、创新性发展"写入"坚定文化自信，推动社会主义文化繁荣兴盛"部分之中，意味着这一理论与实践路径趋于成熟。

面对在国际上"挨骂"问题还没有得到根本解决的现实，党中央加快

1 《习近平著作选读》第二卷，人民出版社2023年版，第35页。

2 中共中央文献研究室编：《习近平关于社会主义文化建设论述摘编》，中央文献出版社2017年版，第3—4页。

3 《习近平在中共中央政治局第十二次集体学习时强调　建设社会主义文化强国　着力提高国家文化软实力》，《人民日报》2014年1月1日。

国际传播能力建设，向世界讲好中国故事、中国共产党故事，传播好中国声音，促进人类文明交流互鉴。党的十八大前后，国际上关于中国的说法很多，其中负面舆论依然不少，"中国威胁论""中国强硬论""中国傲慢论""中国搭便车论"等奇谈怪论不绝于耳。针对如上乱象，习近平总书记旗帜鲜明地指出："各种敌对势力绝不会让我们顺顺利利实现中华民族伟大复兴，这就是为什么我们要郑重提醒全党必须准备进行具有许多新的历史特点的伟大斗争的一个原因。这场斗争既包括硬实力的斗争，也包括软实力的较量。"[1] 一方面，我们更加注重着力推进国际传播能力建设，创新对外宣传方式，加强话语体系建设，着力打造融通中外的新概念新范畴新表述，讲好中国故事，传播好中国声音，增强在国际上的话语权。另一方面，我们竭力倡导世界文明是多元的、平等的、包容的，各国越来越成为你中有我、我中有你的命运共同体。习近平总书记于 2013 年 3 月 23 日在莫斯科国际关系学院的演讲中提出推动构建人类命运共同体的理念，又于 2014 年 3 月 27 日在联合国教科文组织总部的演讲中系统阐述了文明交流互鉴的主张，可以说打开了中国对外交流传播的新局面。

综观党的十八大以来五年的宣传思想文化工作，既有接续前行式的推进，也有创榛辟莽般的创建，加强党对意识形态工作的领导，党的理论创新全面推进，马克思主义在意识形态领域的指导地位更加鲜明，中国特色社会主义和中国梦深入人心，社会主义核心价值观和中华优秀传统文化广泛弘扬，群众性精神文明创建活动扎实开展。可以说，新时代宣传思想文化理论构建与部署安排的总体框架渐具，"四梁八柱"初成。

1　习近平：《论党的宣传思想工作》，中央文献出版社 2020 年版，第 120 页。

二、以立为本，担新使命

五年的立破并举，打下了坚实基础，奠定了发展规模。立足"中国特色社会主义进入新时代"的历史方位变换，尤其是面对"我国社会主要矛盾已经转化为人民日益增长的美好生活需要和不平衡不充分的发展之间的矛盾"[1] 的客观现实，习近平总书记在宣传思想文化领域的理论创新与大局部署亦与日俱进，更强调以立为本的导向，切实对标全面建成小康社会的阶段性任务，不断满足人民对于美好文化生活的更高要求。在 2018 年召开的全国宣传思想工作会议上，习近平总书记精确研判，指出"中国特色社会主义进入新时代，必须把统一思想、凝聚力量作为宣传思想工作的中心环节"，"必须把人民对美好生活的向往作为我们的奋斗目标，既解决实际问题又解决思想问题，更好强信心、聚民心、暖人心、筑同心。我们必须既积极主动阐释好中国道路、中国特色，又有效维护我国政治安全和文化安全"。[2] 习近平总书记概括出"九个坚持"的重要思想，更部署了新形势下举旗帜、聚民心、育新人、兴文化、展形象的使命任务，这构成了党的十九大以来五年宣传思想文化工作的整体目标。

高举旗帜，党中央以全新的视野深化对共产党执政规律、社会主义建设规律、人类社会发展规律的认识，取得重大理论创新成果，集中体现为习近平新时代中国特色社会主义思想。党的十九大、十九届六中全会提出的"十个明确""十四个坚持""十三个方面成就"概括了这一思想的主要

---

1 《习近平著作选读》第二卷，人民出版社 2023 年版，第 9 页。

2 《习近平在全国宣传思想工作会议上强调　举旗帜聚民心育新人兴文化展形象　更好完成新形势下宣传思想工作使命任务》，《人民日报》2018 年 8 月 23 日。

内容。在坚持马克思主义基本原理同中国具体实际相结合的基础上，提出了马克思主义基本原理同中华优秀传统文化相结合，形成了"两个结合"的重大原创性理论和方法论。尤其是自 2021 年以来党中央对于"第二个结合"的不断揭示与阐发，表明该重大命题"是我们党对马克思主义中国化时代化历史经验的深刻总结，是对中华文明发展规律的深刻把握，表明我们党对中国道路、理论、制度的认识达到了新高度"[1]，充分证明习近平新时代中国特色社会主义思想是中华文化和中国精神的时代精华。

凝聚民心，党中央牢牢把握正确舆论导向，做大做强主流思想舆论。建立健全党和国家功勋荣誉表彰制度，设立烈士纪念日，深化群众性精神文明创建，建设新时代文明实践中心，推动学习大国建设。推动学习党史、新中国史、改革开放史、社会主义发展史、中华民族发展史，建成中国共产党历史展览馆，开展庆祝中国共产党成立 100 周年、中华人民共和国成立 70 周年、中国人民解放军建军 90 周年、改革开放 40 周年和纪念中国人民抗日战争暨世界反法西斯战争胜利 70 周年、中国人民志愿军抗美援朝出国作战 70 周年等活动，有力彰显党心民心、国威军威，在全社会唱响了主旋律、弘扬了正能量。在党的十九届四中全会上，党中央强调坚持马克思主义在意识形态领域指导地位的根本制度[2]，使该项工作有了更为坚实的制度保障。

培育新人，党中央坚持立德树人、以文化人，经过十年的努力与推进，社会主义核心价值观进入了广泛践行的阶段。我们着力弘扬以伟大建

<hr />

1　习近平：《在文化传承发展座谈会上的讲话》，人民出版社 2023 年版，第9 页。

2　中共中央党史和文献研究院编：《十九大以来重要文献选编》（中），中央文献出版社 2021 年版，第 283 页。

党精神为源头的中国共产党人精神谱系，用好红色资源，深入开展社会主义核心价值观宣传教育，深化爱国主义、集体主义、社会主义教育，着力培养担当民族复兴大任的时代新人。推动理想信念教育常态化制度化，引导人民知史爱党、知史爱国，不断坚定中国特色社会主义共同理想。用社会主义核心价值观铸魂育人，完善思想政治工作体系，推进大中小学思想政治教育一体化建设。坚持依法治国和以德治国相结合，把社会主义核心价值观融入法治建设、融入社会发展、融入日常生活。

振兴文化，党中央坚持中国特色社会主义文化发展道路，推动中华优秀传统文化创造性转化、创新性发展，继承革命文化，发展社会主义先进文化。一方面，我们注重对中华文明自身发展规律的研究与提炼。在2019年亚洲文明对话大会开幕式上，习近平总书记从四个方面总结中华文明的基本特质，即"亲仁善邻、协和万邦是中华文明一贯的处世之道，惠民利民、安民富民是中华文明鲜明的价值导向，革故鼎新、与时俱进是中华文明永恒的精神气质，道法自然、天人合一是中华文明内在的生存理念"[1]。在2022年十九届中央政治局第三十九次集体学习时，习近平总书记从四个维度概括中华文明的当代价值，即"是中华民族独特的精神标识，是当代中国文化的根基，是维系全世界华人的精神纽带，也是中国文化创新的宝藏"[2]。2023年6月2日，在文化传承发展座谈会上，习近平总书记又从五个层面提炼了中华文明的突出特性，即连续性、创新性、统一性、包容性与和平性，并强调党"在五千多年中华文明深厚基础上开辟和发展中国特色社会主义，把马克思主义基本原理同中国具体实际、同中华优秀

1　习近平：《论党的宣传思想工作》，中央文献出版社2020年版，第403—404页。

2　习近平：《把中国文明历史研究引向深入　增强历史自觉坚定文化自信》，《求是》2022年第14期。

传统文化相结合是必由之路"[1]。这是对中华文明整体理念的最新总结，彰显出百年大党高度的文明意识与文化自觉。另一方面，我们持续推进社会主义文化强国建设。在 2020 年召开的党的十九届五中全会上，党中央明确给出了到 2035 年建成文化强国的时间表。2023 年 6 月 2 日，习近平总书记又在文化传承发展座谈会上提出了"新时代的文化使命"的高远目标，从而形成了为实现中华民族伟大复兴提供精神动力与文化支撑的长期规划。

展现形象，党中央大力推进国际传播能力建设，坚守中华文化立场，提炼展示中华文明的精神标识和文化精髓，加快构建中国话语和中国叙事体系，讲好中国故事，传播好中国声音，展现可信、可爱、可敬的中国形象。尤其是习近平总书记在 2021 年十九届中央政治局第三十次集体学习时强调，要加强顶层设计和研究布局，构建具有鲜明中国特色的战略传播体系，着力提高国际传播影响力、中华文化感召力、中国形象亲和力、中国话语说服力、国际舆论引导力；要加快构建中国话语和中国叙事体系，用中国理论阐释中国实践，用中国实践升华中国理论，打造融通中外的新概念、新范畴、新表述，更加充分、更加鲜明地展现中国故事及其背后的思想力量和精神力量；要广泛宣介中国主张、中国智慧、中国方案，我国日益走近世界舞台中央，有能力也有责任在全球事务中发挥更大作用，同各国一道为解决全人类问题作出更大贡献；要深入开展各种形式的人文交流活动，通过多种途径推动我国同各国的人文交流和民心相通；要全面提升国际传播效能，建强适应新时代国际传播需要的专门人才队伍。[2] 如上重要指示，底定了今后的主调与主线。

1　习近平：《在文化传承发展座谈会上的讲话》，人民出版社 2023 年版，第 5 页。

2　《习近平在中共中央政治局第三十次集体学习时强调　加强和改进国际传播工作　展示真实立体全面的中国》，《人民日报》2021 年 6 月 1 日。

绵绵发力，久久为功。又一个五年的奋斗与创建，宣传思想文化工作更上层楼，气象一新，新时代党的创新理论深入人心，社会主义核心价值观广泛传播，中华优秀传统文化得到创造性转化、创新性发展，文化事业日益繁荣，网络生态持续向好，意识形态领域形势发生全局性、根本性转变。习近平总书记关于新时代中国特色社会主义思想文化理论的创新与构建已达到新的境界，新的理论概括已是水到渠成、呼之欲出。

三、明体达用、体用贯通

从 2018 年宣传思想工作会议上总结的"九个坚持"，到 2023 年文化传承发展座谈会上概括的"十四个强调"，再到 2023 年全国宣传思想文化工作会议上习近平总书记所强调的"七个着力"要求，可见习近平文化思想的形成脉络，就是不断强"体"运"用"的过程，其中内在的实践逻辑即从把握大势、立破并举到以立为本、担新使命，终至明体达用、体用贯通。

放眼未来，在文化传承发展座谈会和全国宣传思想文化工作会议上，习近平总书记两次强调："在新的起点上继续推动文化繁荣、建设文化强国"[1]。因此，我们要想更好地担负起新时代的文化使命，仍需回溯过往的文化建设演进脉络，总结成功经验，坚定文化自信，秉持开放包容，坚持守正创新，在深刻把握这一宏大"文化篇"具体擘画脉络的基础上，拾级而上，续写新篇。

---

[1]　习近平：《在文化传承发展座谈会上的讲话》，人民出版社 2023 年版，第10 页。

第三章

达用为要，诸方兼顾：新时代文化
建设的战略考量

伟大的时代需要重要的理论。如火如荼的新时代文化建设需要博大深邃的理论加以指导，习近平文化思想因时而兴，应运而生。2023 年 10 月 7 日至 8 日召开的全国宣传思想文化工作会议，对习近平文化思想的理论品格和特质给出了极富中国本土话语意味的总结："明体达用、体用贯通"。作为中国传统思想中必不可少的一对概念范畴，体与用各有其特定的内涵与指向。所谓"体"，多侧重于概括事物的实体与主体、事情的本质与特质、理论的原则与属性等方面；与之相对，"用"则多着眼于指代有形的事物、事情的外延或具体实操的路径、方法等。

毫无疑问，习近平文化思想之"体"，是关乎战略全局高度之"体"，是执一端而驭万象之"体"，亦是纳诸多"用"于其中且熔于一炉之"体"，实则体用不二、相互贯通，具有极其重大的意义。

一、扎根人民群众之"主体"

文化是民族的精神命脉，人民是文化的创造主体。中国特色社会主义新时代是中国人民在新的考验和挑战中创造光明未来的时代，也是中国人民拼搏奋斗创造美好生活的时代。广大人民对美好生活的向往，既包括物质上的，也包括文化上的。显而易见，人民的需求是多方面的。因此，习近平总书记早在 2013 年的全国宣传思想工作会议上就明确指出："做好宣传思想工作，必须讲人民性。坚持人民性，就是要把实现好、维护好、发展好最广大人民根本利益作为出发点和落脚点，坚持以民为本、以人为本。做好宣传思想工作，必须解决好'为了谁、依靠谁、我是谁'这个根本问题。"[1]

党的十八大以来，紧紧围绕"坚持以人民为中心，促进人民精神生活共同富裕"这一主题，习近平总书记进行了全面而细致的部署，这体现了习近平文化思想的核心内容与根本价值。第一，始终强调坚持把社会效益放在首位、社会效益和经济效益相统一的原则。满足人民过上美好生活的新期待，必须提供丰富的精神食粮。这势必要深化文化体制改革，完善文化管理体制，加快构建把社会效益放在首位、社会效益和经济效益相统一的体制机制。围绕此中心目标，党中央不断完善文化产业规划和政策，持续扩大优质文化产品供给，尤其是推动公共文化服务的标准化、均等化。习近平总书记特意强调，"革命老区、民族地区、边疆地区、贫困地区文化建设不能落下"[2]。我们深入实施文化惠民工程，投入了极大的资源，基层文化建设大为改观。经过长期的创新与探索，逐渐形成了政府主导、社会参与、重心下移、共建共享的发展模式，近年来火爆出圈的"村超""村BA"就是典型的案例。

第二，不断实现文化产业的转型升级，从而持续反哺文化事业发展。

1　中共中央党史和文献研究院编：《习近平关于社会主义精神文明建设论述摘编》，中央文献出版社 2022 年版，第 241 页。

2　《为全面建设社会主义现代化国家、全面推进中华民族伟大复兴凝聚强大精神力量——学习〈习近平关于社会主义精神文明建设论述摘编〉》，《人民日报》2023 年 1 月 16 日。

当前我国公共文化服务所面临的最现实挑战，不再是有没有的问题，而是强不强的问题，这迫切需要新兴产业赋能。党中央顺应数字产业化和产业数字化发展趋势，加快发展新型文化业态，改造提升传统文化业态，提高质量效益和核心竞争力，"实施国家文化数字化战略"也顺理成章地写入党的二十大报告。同时，我们围绕国家重大区域发展战略，把握文化产业发展特点规律和资源要素条件，促进形成文化产业发展新格局，完善文化经济政策，培育新型文化业态。这些年，我们注重文化产业与旅游产业、乡村振兴、历史文化遗产、废旧工业基地的改造转型，坚持以文塑旅、以旅彰文，推动文化与旅游、脱贫攻坚的有机结合，融合发展，把"硬件"建设和"软件"建设结合起来，把"输血"和"造血"结合起来，一个个网红打卡旅游景点在全国各地次第开花，争奇斗艳，让人们领略自然之美、建筑之美、艺术之美和饮食之美，感受文化的魅力、获得心灵的陶冶。

第三，坚持以人民为中心，不断繁荣发展社会主义文艺。人民的需要是文艺的根本价值所在。人民需要文艺，文艺更需要人民。因此，文艺首先要搞清楚为谁创作、为谁立言的问题，这是一个根本问题。习近平总书记明确指出："文艺要反映好人民心声，就要坚持为人民服务、为社会主义服务这个根本方向。这是党对文艺战线提出的一项基本要求，也是决定我国文艺事业前途命运的关键。"[1]众所周知，当前文艺工作的对象、方式、手段、机制出现了诸多新情况、新特点，文艺创作生产的格局、人民群众的审美要求发生了很大变化，文艺产品传播方式和群众接受欣赏的习惯也大为不同，这对文艺工作者而言，无疑是极大挑战。党的十八大以来，广大文艺工作者坚持以人民为中心的工作导向，深入生活、扎根人民，不断增强脚力、眼力、脑力、笔力，推动我国文化事业呈现出良好的

---

[1]　习近平:《论党的宣传思想工作》，中央文献出版社 2020 年版，第 103 页。

发展态势，文学、戏剧、电影、电视、音乐、舞蹈、美术、摄影、书法、曲艺、杂技、民间文艺、文艺评论等皆取得了丰硕成果。《流浪地球》《红海行动》《长安三万里》在院线一路飘红，《山海情》《觉醒年代》《人世间》在荧屏饱受好评，《我在故宫修文物》《中华诗词大会》《舌尖上的中国》在社会美誉不断，《唐宫夜宴》《端午奇妙夜》《龙门金刚》在新媒体火热破圈，不仅弘扬了民族精神和时代精神，更为提升文化自信、增强人民群众文化获得感幸福感作出了贡献。

二、着眼中华民族伟大复兴之"总体"

中国特色社会主义是物质文明和精神文明全面发展的社会主义，中国式现代化是物质文明和精神文明相协调的现代化。这意味着中国特色社会主义是全面发展、全面进步的伟大事业，没有文化繁荣发展，就没有社会主义现代化，这关乎未来实现中华民族伟大复兴之总体目标。因此，早在 2014 年习近平总书记就强调："没有中华文化繁荣兴盛，就没有中华民族伟大复兴。一个民族的复兴需要强大的物质力量，也需要强大的精神力量。没有先进文化的积极引领，没有人民精神世界的极大丰富，没有民族精神力量的不断增强，一个国家、一个民族不可能屹立于世界民族之林。"[1] 这充分说明，作为一个总体的中华民族伟大复兴，其实现必定是物质文明和精神文明均衡发展、相互促进的结果，是二者比翼齐飞的发展过程。

党的十八大以来，紧扣"实现中华民族伟大复兴要一以贯之抓好社会

---

[1]　习近平:《论党的宣传思想工作》，中央文献出版社 2020 年版，第 96 页。

主义精神文明建设”这一主线，习近平总书记擘画全局，进行了系统部署。第一，牢牢掌握意识形态工作领导权和主导权。面对新形势下意识形态领域斗争复杂尖锐的情况，党中央立破并举、激浊扬清。在 2013 年全国宣传思想工作会议上，习近平总书记即强调："意识形态工作是党的一项极端重要的工作。"[1] 之后又指出："在意识形态领域斗争上，我们没有任何妥协、退让的余地，必须取得全胜。"[2] 具体而言，首先，巩固马克思主义在意识形态领域的指导地位，巩固全党全国人民团结奋斗的共同思想基础。党中央先后组织了多次集体学习，并召开针对性会议，为解决相关问题作出了明确部署。例如，习近平总书记明确指出："党校特别是中央党校要坚持以马克思主义为指导，在研究上多下功夫，多搞'集成'和'总装'，多搞'自主创新'和'综合创新'，为建设具有中国特色、中国风格、中国气派的哲学社会科学体系作出贡献。"[3] 另外，针对思想政治工作，习近平总书记强调："要坚持把立德树人作为中心环节，把思想政治工作贯穿教育教学全过程，实现全程育人、全方位育人，努力开创我国高等教育事业发展新局面。"[4] 其次，高度重视坚持党的新闻舆论工作的正确政治方向。党中央尤其强调在新的时代条件下，要切实提高党的新闻舆论传播力、引导力、影响力、公信力。再次，展现出对网络安全和信息化工作前所未有的重视。党中央强调，要本着对社会负责、对人民负责的态度，树立正确的网络安全观。依法加强网络空间治理，加强网络内容建设，做强网上正面宣传，培育积极健康、向上向善的网络文化，用社会主义核心价值观和人类优秀文明成果滋养人心、滋养社会，做到正能量充沛、主旋律

1　习近平：《论党的宣传思想工作》，中央文献出版社 2020 年版，第 14 页。

2　习近平：《论党的宣传思想工作》，中央文献出版社 2020 年版，第 23 页。

3　习近平：《论党的宣传思想工作》，中央文献出版社 2020 年版，第 160 页。

4　习近平：《论党的宣传思想工作》，中央文献出版社 2020 年版，第 275 页。

高昂，为广大网民特别是青少年营造一个风清气正的网络空间。复次，在新时代对哲学社会科学工作提出了关乎大局的新要求。党中央要求，按照立足中国、借鉴国外，挖掘历史、把握当代，关怀人类、面向未来的思路，着力构建中国特色哲学社会科学，注意加强话语体系建设。

第二，大力弘扬中国精神。每一种文明都延续着一个国家和民族的精神血脉，既需要薪火相传、代代守护，更需要与时俱进、勇于创新。中华文明历来把人的精神生活纳入人生和社会理想之中。中华民族能够在几千年的历史长河中生生不息、顽强发展，很重要的一个原因就是中华民族有一脉相承的精神追求、精神特质、精神脉络。放眼中华民族伟大复兴的总体目标，弘扬中国精神的重点在于传承以爱国主义为核心的民族精神，以改革创新为核心的时代精神。这种精神是凝心聚力的兴国之魂、强国之魂。爱国主义始终是把中华民族坚强团结在一起的精神力量，改革创新始终是鞭策我们在改革开放中与时俱进的精神力量。一方面，党中央注重对爱国主义精神的宣传与落实。爱国主义是中华民族精神的核心。中国共产党是爱国主义精神最坚定的弘扬者和实践者，始终把实现中华民族伟大复兴作为自己的历史使命。具体来说，党中央反复强调，弘扬爱国主义精神，必须把爱国主义教育作为永恒主题，把爱国主义教育贯穿国民教育和精神文明建设全过程；必须坚持爱国主义和社会主义相统一，这是当代中国爱国主义精神最重要的体现；必须维护祖国统一和民族团结，不断增强对伟大祖国、中华民族、中华文化、中国共产党、中国特色社会主义的认同；必须尊重和传承中华民族历史和文化，要以时代精神激活中华优秀传统文化的生命力，推进中华优秀传统文化创造性转化和创新性发展；必须坚持立足民族又面向世界，积极倡导求同存异、交流互鉴，促进不同国度、不同文明相互借鉴、共同进步，共同推动人类文明发展进步。另一方面，党中央注重对改革创新精神的提炼和总结。比如在 2018 年举办的庆祝改革开放 40 周年大会上，习近平总书记提炼出"九个必须坚持"，丰富和发展了改革开放精神的内涵。与此同时，党中央还尤其注重对在新时代伟大实践中所涌现的新精神的提炼，比如，总结出了伟大建党精神、脱贫攻坚精神、伟大抗疫精神、"两路"精神、新时代北斗精神、劳模精神（劳动精神、工匠精神）等一系列中国精神，更新了中国共产党人精神谱系，赓续了我们党的红色基因。

第三，大力弘扬和践行社会主义核心价值观。核心价值观是一个民族赖以维系的精神纽带，是一个国家共同的思想道德基础。如果没有共同的核心价值观，一个民族、一个国家就会魂无定所、行无依归。经过党的十八大之后五年的持之不懈、深入倡导和培育，党的十九大报告将社会主义核心价值观明确写入，且给予其"当代中国精神的集中体现，凝结着全体人民共同的价值追求"的定位。到了党的二十大，报告在"推进文化自信自强，铸就社会主义文化新辉煌"部分明确提出"广泛践行社会主义核心价值观"的要求，可见经过党的十九大之后五年的全力推进，社会主义核心价值观建设取得了良好的阶段性成就。放眼未来，我们当坚持以社会主义核心价值观为引领，不断构筑中国精神、中国价值、中国力量，发展壮大主流价值、主流舆论、主流文化，筑牢中华民族共有的精神基石与道德高地。

三、立足中国特色社会主义文化建设之"整体"

社会主义文化建设既需要绵绵用力，亦需要久久为功，已有的目标须一张蓝图绘到底，新的长远目标也务必适时提出。与此同时，中国文化源远流长，中华文明博大精深，如何在新时代的文化实践中传承古代文明、发展本土文化，这无疑是一个关乎长远、切乎大局的问题。习近平总书记指出："只有全面深入了解中华文明的历史，才能更有效地推动中华优秀传统文化创造性转化、创新性发展，更有力地推进中国特色社会主义文化建设"[1]。这充分说明，中国特色社会主义文化建设是一项整体工作，需要诸领域协同并进，齐心协力。

第一，锚定文化强国建设重任，规划文化建设的目标。2011 年 10 月召开的党的十七届六中全会通过了《中共中央关于深化文化体制改革推动社会主义文化大发展大繁荣若干重大问题的决定》，明确提出"努力建设社会主义文化强国"的总体目标。全会决议指出，建设社会主义文化强国，就是要着力推动社会主义先进文化更加深入人心，推动社会主义精神文明和物质文明全面发展，不断开创全民族文化创造活力持续迸发、社会文化生活更加丰富多彩、人民基本文化权益得到更好保障、人民思想道德素质和科学文化素质全面提高的新局面，建设中华民族共有精神家园，为人类文明进步作出更大贡献。党的十八大以来，我们党稳扎稳打、步步为营，全民族文化创造活力大为增强、文化自信显著提升。党的十九大又对实现第二个百年奋斗目标作出分两个阶段推进的战略安排，即到二〇三五年基本实现社会主义现代化，到本世纪中叶把我国建成富强民主文明和谐美丽的社会主义现代化强国，这必然促使文化强国建设与时俱进、再上台阶。2020 年召开的党的十九届五中全会确立到 2035 年建成文化强国的远景目标，标志着我们如期完成了"为把我国建设成为社会主义文化强国打下坚实基础"的阶段性任务，继续向新目标迈进。2024 年 10 月 28 日，在二十届中央政治局第十七次集体学习时，习近平总书记强调"锚定建成文化强国战略目标，不断发展新时代中国特色社会主义文化"。这是继党

1　习近平：《在文化传承发展座谈会上的讲话》，人民出版社 2023 年版，第 1 页。

的二十届三中全会通过《中共中央关于进一步全面深化改革、推进中国式现代化的决定》后，党中央又一次对文化强国建设进行专门部署。

第二，持续推动中华优秀传统文化的创造性转化、创新性发展。创造性转化、创新性发展，为党的理论创新提供了宝贵的素材和可贵的经验。随着新时代十年伟大文化变革的推进，党中央对中华优秀传统文化和中华文明创造性转化和创新性发展的力度、广度、深度愈益加大，在此基础上明确提出"马克思主义基本原理同中华优秀传统文化相结合"便水到渠成、势所必然。

第三，不断探寻中华文明的发展规律。开辟和发展中国特色社会主义，离不开 5000 多年的中华文明。正是源于自身文明这种深厚的基础性作用，党的十八大以来，以习近平同志为核心的党中央高度重视中华文明的起源、形成、发展、特质、形态等一系列重大问题，持续推进中华文明探源工程等一系列重大科研项目，从而突破了英国考古学家戈登·柴尔德所提出的"城市、金属和文字的国家形成"的"三要素说"，根据中国的材料（尤其是良渚古城的发现），兼顾其他古老文明的特点，提出了判断进入文明社会标准的中国方案。这就有力地破除了以往盲目推崇由西方构建的那一套文明理论的迷思，纠正了很多人把中国看作西方现代化理论视野中的近现代民族国家的误区，从而确立了从 5000 多年文明史的角度来把握与理解中国特色社会主义生成与发展的思路。

四、紧扣中国特色社会主义文化理论之"大体"

原创性理论永远是一种思想理论体系最为核心的要义与根本所在。习近平总书记指出："时代是思想之母，实践是理论之源。一切划时代的理论，都是满足时代需要的产物。用以观察时代、把握时代、引领时代的理论，必须反映时代的声音，绝不能脱离所在时代的实践，必须不断总结实践经验，将其凝结成时代的思想精华。"[1] 揆诸习近平文化思想中的诸多理论观点，其中最为内核的便是文化自信与历史自信，这构成了习近平新时代中国特色社会主义思想文化篇的大体。

历史自信是习近平文化思想形成的大前提。在 2021 年 11 月 11 日党的十九届六中全会第二次全体会议上，习近平总书记首次明确指出全党要"坚定历史自信"，之后"历史自信"这一论断被不断提及与强调。循名责实，历史自信是中国共产党、中华民族源于自身历史最纵深处的对既有文明进程、百年奋斗历程、伟大复兴征程与人类发展前程的深厚高远且持久坚实的信仰、信念与信心。历史自信极其厚重，因其受惠于 5000 多年文明源泉的积淀与历史遗产的默默滋养；历史自信极其开放，因其得益于 500 多年社会主义活水的实践支援和理论指引；历史自信极其清醒，因其肇因于 180 多年世界现代化洪流的冲击刺激和深刻启示；历史自信极其强大，因其来源于 100 多年中国共产党奋斗大潮的卓越成就和宝贵经验；历史自信极其强烈，因其昭示着未来新赶考之路的光明前程和壮丽图景。如上特质，为习近平文化思想的孕育奠定了浑厚宏阔的历史图景。

文化自信是习近平文化思想发展的总纲领。文化自信是一个国家、一个民族、一个政党对自身文化价值的充分肯定，对自身文化生命力的坚定信念。对中国共产党而言，文化自信本质上是指对中国特色社会主义文化的自信，其具备五重属性。其一，以中华优秀传统文化为根脉，具有无比的厚度。其二，以中国悠久漫长的历史为轴线，具有空前的广度。其三，

---

[1] 《习近平在中共中央政治局第六次集体学习时强调　不断深化对党的理论创新的规律性认识　在新时代新征程上取得更为丰硕的理论创新成果》，《人民日报》2023 年 7 月 2 日。

以 5000 多年绵延不绝的文明为载体，具有独特的高度。其四，以百年来中国共产党人的持续理论创新为灵魂，具有可贵的深度。其五，以无数中国人民的现实生产生活为依托，具有真实的温度。"五度"合一，所以文化自信是更基础、更广泛、更深厚的自信，是最基本、最深沉、最持久的力量。

尊主体，知总体，晓整体，识大体，如此方可体用贯通，终体用不二，浑然一体。这正佐证了 2023 年全国宣传思想文化工作会议上所强调的习近平文化思想为"做好新时代新征程宣传思想文化工作、担负起新的文化使命提供了强大思想武器和科学行动指南"[1]的判断。因此，从战略全局高度审视与把握习近平文化思想，显得尤为必要。

1　《习近平对宣传思想文化工作作出重要指示强调　坚定文化自信秉持开放包容坚持守正创新　为全面建设社会主义现代化国家全面推进中华民族伟大复兴提供坚强思想保证强大精神力量有利文化条件》，《人民日报》2023 年 10 月 9 日。

第四章

以立为本，立破并举：党的文化
领导权述论

　　作为明体达用、体用贯通的思想体系，"习近平文化思想既有文化理论观点上的创新和突破，又有文化工作布局上的部署要求"[1]，具有鲜明的本土话语特色、理论武器特质与行动指南特征。众所周知，对于重要思想理论的学习领会，首须考镜源流，知其构架立意，察其演进脉络，方能深刻理解"体何以立""用如何达"等深层次关键问题。正如《中共中央关于党的百年奋斗重大成就和历史经验的决议》所揭示的：党的十八大以来，"党准确把握世界范围内思想文化相互激荡、我国社会思想观念深刻变化的趋势"，面对宣传思想文化领域持续动态变化中所涌现的难点、焦点和热点等问题，所面临的重点、痛点和要点等任务，提前布局，主动出击，"我国意识形态领域形势发生全局性、根本性转变，全党全国各族人民文化自信明显增强，全社会凝聚力和向心力极大提升，为新时代开创党和国家事业新局面提供了坚强思想保证和强大精神力量"。[2]

　　要想准确理解习近平文化思想所蕴含体用理念的精髓所在，一项极为

　　1　《习近平对宣传思想文化工作作出重要指示强调　坚定文化自信秉持开放包容坚持守正创新　为全面建设社会主义现代化国家全面推进中华民族伟大复兴提供坚强思想保证强大精神力量有利文化条件》，《人民日报》2023年10月9日。

　　2　本书编写组编著：《〈中共中央关于党的百年奋斗重大成就和历史经验的决议〉辅导读本》，人民出版社2021年版，第10页。

基础且重要的工作即细致梳理新时代以来党中央对于宣传思想文化领域筹谋布局的思路，从而掌握诸领域工作有机联动所生成的内在逻辑。恰如2023年全国宣传思想文化工作会议上所提炼的，习近平文化思想"构成了习近平新时代中国特色社会主义思想的文化篇"[1]。围绕这一篇新时代文化建设的大文章，党中央当如何谋篇？颇有启示意义的是，在2018年全国宣传思想工作会议上，习近平总书记曾指出"我们必须坚持以立为本、立破并举，不断增强社会主义意识形态的凝聚力和引领力"[2]，非常凝练地概括出谋篇之道与开篇之术，这也提示学界、理论界要依循宣传思想文化工作持续动态变化的节律和脉动来进行系统探讨。[3] 故围绕"坚持党的文化领导权"来揭示与探讨习近平文化思想的谋篇逻辑，显得尤为必要。

揆诸新时代文化建设的既有轨迹，不难发现，唯有勇于破除才能牢固确立；唯有明确树立，方可更好突破，二者相辅相成，各有其用。细数所破之顽疾，择取所立之大者，可见坚持文化领导权乃根本，巩固文化主体性是基础，担负新时代的文化使命为目标，三者相互衔接，构成了习近平文化思想的核心内容。

回顾百余年奋斗历程，中国共产党得以历经艰难困苦而不断创造新的辉煌，很重要的一条就是始终重视思想建党、理论强党，牢牢坚持文化领导权，用科学理论武装广大党员、干部的头脑，使全党始终保持统一的思想、坚定的意志、强大的战斗力。正如习近平总书记在文化传承发展座谈

1　《习近平对宣传思想文化工作作出重要指示强调　坚定文化自信秉持开放包容坚持守正创新　为全面建设社会主义现代化国家全面推进中华民族伟大复兴提供坚强思想保证强大精神力量有利文化条件》，《人民日报》2023年10月9日。

2　习近平：《论党的宣传思想工作》，中央文献出版社2020年版，第339页。

3　需要说明的是，习近平总书记的地方实践也蕴涵着丰富的文化思考与经验总结，但文化思想的整体形成应是在新时代，故本研究的探讨时限以党的十八大以后为主。

会上强调的："守正，守的是马克思主义在意识形态领域指导地位的根本制度，守的是'两个结合'的根本要求，守的是中国共产党的文化领导权和中华民族的文化主体性。"[1]

文化领导权这一重大命题在新时代愈发关键，与我们党所面临的世局、时局密切相关。改革开放以后，党坚持物质文明和精神文明两手抓、两手硬，推动社会主义文化繁荣发展，振奋了民族精神，凝聚了民族力量。但与此同时，拜金主义、享乐主义、极端个人主义和历史虚无主义等错误思潮不时出现，网络舆论乱象丛生，一些领导干部政治立场模糊、缺乏斗争精神，严重影响人们思想和社会舆论环境。党的十八大以来，以习近平同志为核心的党中央，立足于实现中华民族伟大复兴的战略高度，怀着强烈的问题意识和巨大的使命担当，因势而谋、应势而动、顺势而为，边破边立，逐渐扭转了文化领导权方面的诸多问题，让整个宣传思想文化工作局面持续向好向上。这也是党中央为何要将"着力加强党对宣传思想文化工作的领导"置于"七个着力"具体部署之首位的深刻考虑所在。具体而言，新时代十多年，中国共产党坚持党的文化领导权，相关重任可分为掌握意识形态领导权、推进理论创新、做好新闻舆论工作、加强国际传播能力建设四个方面。

一、牢牢把握意识形态工作领导权是首要任务

客观而言，新形势下我国意识形态领域斗争异常复杂尖锐，党在意识

---

[1]　习近平：《在文化传承发展座谈会上的讲话》，人民出版社 2023 年版，第 11 页。

形态领域的领导权仍存在弱化风险。一是部分党员干部在一段时期内只顾集中精力抓经济建设，放松和削弱了对意识形态工作的领导和落实。二是社会上有些人甚至党内有的同志尚未能深刻意识到西方意识形态渗透所暗藏的玄机，"认为西方'普世价值'经过了几百年，为什么不能认同？西方一些政治话语为什么不能借用？接受了我们也不会有什么大的损失，为什么非要拧着来？有的人奉西方理论、西方话语为金科玉律，不知不觉成了西方资本主义意识形态的吹鼓手"[1]。三是党的十八大前后社会上存在一些对马克思主义思想的模糊甚至错误的认识，"有的认为马克思主义已经过时，中国现在搞的不是马克思主义；有的说马克思主义只是一种意识形态说教，没有学术上的学理性和系统性。实际工作中，在有的领域中马克思主义被边缘化、空泛化、标签化，在一些学科中'失语'、教材中'失踪'、论坛上'失声'"[2]。倘若以上情形任其发展，党和国家就要面临无法挽回的历史性错误，习近平总书记鲜明指出："历史和现实都警示我们，思想舆论阵地一旦被突破，其他防线就很难守得住。在意识形态领域斗争上，我们没有任何妥协、退让的余地，必须取得全胜。"[3]

职是之故，正本清源工作显得极为迫切。紧扣意识形态工作领导权，党的十八大以来，党中央进行了如下布局与部署。第一，着重强调意识形态工作的极端重要性。在 2013 年党的十八届三中全会第一次全体会议上，习近平总书记即强调，"经济建设是党的中心工作，意识形态工作是党的一项极端重要的工作。面对改革发展稳定复杂局面和社会思想意识多元多样、媒体格局深刻变化，在集中精力进行经济建设的同时，一刻也不能放

1　习近平：《论党的宣传思想工作》，中央文献出版社 2020 年版，第 149 页。

2　习近平：《论党的宣传思想工作》，中央文献出版社 2020 年版，第 221 页。

3　中共中央党史和文献研究院编：《习近平关于社会主义精神文明建设论述摘编》，中央文献出版社 2022 年版，第 73 页。

松和削弱意识形态工作，必须把意识形态工作的领导权、管理权、话语权牢牢掌握在手中"[1]。这一重要论述体现了对经济基础与上层建筑辩证关系的深刻把握。毫无疑问，经济基础对上层建筑具有决定作用，同时上层建筑对经济基础具有反作用，这提示我们在实现中华民族伟大复兴的进程中，时刻要牢记发展既要有硬实力，也要有软实力，既要切实做好中心工作、为意识形态工作提供坚实物质基础，又要切实做好意识形态工作、为中心工作提供有力保障。换言之，如果一味只追求经济建设、各种指标而忽视了意识形态领域和宣传思想文化工作，到头来会引发系统性的重大问题，"风气如果坏下去，经济搞成功又有什么意义？会在另一方面变质！"[2]立足社会主义现代化建设的全局，我们党清醒地认识到，物质方面的问题要解决好，精神方面的问题也要解决好，因此宣传思想文化工作的核心任务始终未变，即"要巩固马克思主义在意识形态领域的指导地位，巩固全党全国人民团结奋斗的共同思想基础"[3]。

第二，不断推进落实意识形态工作责任制，持续健全制度建设。既然建设具有强大凝聚力和引领力的社会主义意识形态，是全党特别是宣传思想文化战线必须担负起的一个战略任务，那么战略的部署就需要切实精准的工作机制和制度保障。在党的十八届六中全会第二次全体会议上，习近平总书记指出，为防止各种敌对势力借机干扰和破坏，避免一些具体问题演变成政治问题、局部问题演变成全局性事件，避免出现大的意识形态风波和舆论漩涡，"各级党委要把做好意识形态工作摆在重要位置，加强组织领导，及时掌握意识形态形势和动态，对各种政治性、原则性、导

1　中共中央党史和文献研究院编：《习近平关于社会主义精神文明建设论述摘编》，中央文献出版社 2022 年版，第 68 页。

2　习近平：《论党的宣传思想工作》，中央文献出版社 2020 年版，第 112 页。

3　习近平：《论党的宣传思想工作》，中央文献出版社 2020 年版，第 14 页。

向性问题要敢抓敢管"，同时"要认真落实意识形态工作责任制，纳入巡视工作安排，加强对意识形态阵地的管理，落实谁主管谁主办和属地管理，防止给错误思想观点传播提供渠道"。[1] 之后，党中央反复强调该项工作的重要性，如习近平总书记于2019年9月16日至18日在河南考察调研时指出，要"严格落实意识形态工作责任制，推进媒体融合向纵深发展、建设全媒体，更加注重网络内容建设，让网络空间正气充盈"[2]。在2021年5月31日十九届中央政治局第三十次集体学习时，习近平总书记强调，"各级党委（党组）要把加强国际传播能力建设纳入党委（党组）意识形态工作责任制"[3]。更为关键的举措是党的十九届四中全会公报明确将"要坚持马克思主义在意识形态领域指导地位的根本制度"写入其中，凸显出意识形态工作的全局性意义。

第三，总结出做好意识形态工作的一套有效方法。具体到实操层面，面对诸多风险挑战，意识形态工作的处理绝非赤手空拳，需要一套行之有效的态度与打法。仔细梳理，大致有三。一是要增强阵地意识。阵地是意识形态工作的基本依托，人在哪里，阵地就应该在哪里。习近平总书记曾对意识形态工作作了一个极为生动的比喻："思想舆论领域大致有三个地带。第一个是红色地带，主要是主流媒体和网上正面力量构成的，这是我们的主阵地，一定要守住，决不能丢了。第二个是黑色地带，主要是网上和社会上一些负面言论构成的，还包括各种敌对势力制造的舆论，这不是

---

1 中共中央党史和文献研究院编：《习近平关于社会主义精神文明建设论述摘编》，中央文献出版社2022年版，第80页。

2 《习近平在河南考察时强调 坚定信心埋头苦干奋勇争先 谱写新时代中原更加出彩的绚丽篇章》，《人民日报》2019年9月19日。

3 《习近平在中共中央政治局第三十次集体学习时强调 加强和改进国际传播工作 展示真实立体全面的中国》，《人民日报》2021年6月2日。

主流，但其影响不可低估。第三个是灰色地带，处于红色地带和黑色地带之间。对不同地带，要采取不同策略。对红色地带，要巩固和拓展，不断扩大其社会影响。对黑色地带，要勇于进入，钻进铁扇公主肚子里斗，逐步推动其改变颜色。对灰色地带，要大规模开展工作，加快使其转化为红色地带，防止其向黑色地带蜕变。"[1] 如此概括，就为具体工作界定了实践范畴与斗争的对象。二是要努力克服"本领恐慌"问题。意识形态领域从来都是变动不居、瞬息万变的，任何组织或个体都不能奢望采取一劳永逸、一蹴而就的方式解决。面对层出不穷的新问题、迭代裂变的新技术，部分党员、干部不免会困惑彷徨，甚至感到手足无措。解决如上情况的最佳方式，就是通过持续学习、掌握新知来解决好"本领恐慌"问题，真正成为运用现代传媒新手段新方法的行家里手。正如习近平总书记所要求的："宣传思想干部要不断掌握新知识、熟悉新领域、开拓新视野，增强本领能力，加强调查研究，不断增强脚力、眼力、脑力、笔力，努力打造一支政治过硬、本领高强、求实创新、能打胜仗的宣传思想工作队伍。"[2]三是要坚持正面宣传为主。团结稳定鼓劲、正面宣传为主，毫无疑问是意识形态工作必须遵循的重要方针。在迈向中华民族伟大复兴的征程上，我们面临的挑战和困难前所未有，必须坚持巩固壮大主流思想舆论，弘扬主旋律，传播正能量，激发全社会团结奋进的强大力量。尤其是"在事关大是大非和政治原则问题上，必须增强主动性、掌握主动权、打好主动仗，帮助干部群众划清是非界限、澄清模糊认识"[3]。当然，这种工作方针不意味着只能讲正面，不能讲负面，关键是要从总体上把握好平衡，分情况针

1　中共中央文献研究室编：《习近平关于社会主义文化建设论述摘编》，中央文献出版社 2017 年版，第 30 页。

2　习近平：《论党的宣传思想工作》，中央文献出版社 2020 年版，第 342 页。

3　习近平：《论党的宣传思想工作》，中央文献出版社 2020 年版，第 16 页。

对性处理。比如，对于社会上存在的思想认识问题，要加强正面引导，通过摆事实、讲道理，明辨理论是非、澄清模糊认识；对于重大政治原则和大是大非问题，必须敢于批驳、敢于亮剑、善于亮剑；对于恶意攻击、造谣生事的情况，则坚决加以回击，以正视听。

第四，高度重视思想政治工作尤其是高校思政课建设。社会主义现代化强国建设，不仅要在物质上强，更要在精神上强。精神上强，才是更持久、更深沉、更有力量的。未来强国建设的生力军和主力军无疑是广大青年人。因此，要成为合格的社会主义建设者和接班人，广大青年人必须树立正确的世界观、人生观、价值观，把实现个人价值同党和国家前途命运紧紧联系在一起。高校思想政治课的作用至关重要，这直接关系到高校培养什么样的人、如何培养人以及为谁培养人这个根本问题。思政课的任务是传导主流意识形态，建设性是其根本。[1] 因此，要坚持把立德树人作为思政课的中心环节，把思想政治工作贯穿教育教学全过程，实现全程育人、全方位育人。[2] 十年来，习近平总书记在众多场合反复强调高校思政课的重要性，形成了一系列重要论述。择其要者，其一，就思想政治工作的定位，从根本上说是做人的工作，必须围绕学生、关照学生、服务学生，不断提高学生思想水平、政治觉悟、道德品质、文化素养，让学生成为德才兼备、全面发展的人才。其二，思想政治理论课效果如何，关键在于能否在立德树人中发挥作用，关键是看所在学校与负责人重视不重视、适应不适应、做得好不好。思政课的本质是讲道理，要注重方式方法，把道理讲深、讲透、讲活，老师要用心教，学生要用心悟，达到沟通心灵、启智润心、激扬斗志。其三，对

1　中共中央党史和文献研究院编：《习近平关于社会主义精神文明建设论述摘编》，中央文献出版社 2022 年版，第 89 页。

2　习近平：《论党的宣传思想工作》，中央文献出版社 2020 年版，第 275 页。

于思想政治理论课的具体要求，习近平总书记归纳出了"八个相统一"，即坚持政治性和学理性相统一、坚持价值性和知识性相统一、坚持建设性和批判性相统一、坚持理论性和实践性相统一、坚持统一性和多样性相统一、坚持主导性和主体性相统一、坚持灌输性和启发性相统一、坚持显性教育和隐性教育相统一。一言以蔽之，"只有打好组合拳，才能讲好思政课，但无论组合拳怎么打，最终要落到把思政课讲得更有亲和力和感染力、更有针对性和实效性上来，实现知、情、意、行的统一，叫人口服心服"[1]。其四，对于任课教师的要求，习近平总书记强调："讲好思政课不仅有'术'，也有'学'，更有'道'。思政课的政治性、思想性、学术性、专业性是紧密联系在一起的，其学术深度广度和学术含金量不亚于任何一门哲学社会科学！"[2] 思政课教师，要给学生心灵埋下真善美的种子，引导学生扣好人生第一粒扣子。其具体素养可概括为政治要强、情怀要深、思维要新、视野要广、自律要严、人格要正等六个方面。

二、大力推进实践基础上的理论创新是重大课题

实践探索没有止境，理论创新自然也没有止境。要保障党和人民事业不停顿，首先理论上不能停顿。中国共产党必须根据时代变化和实践发展，满怀问题意识，不断深化认识，不断总结经验，不断进行理论创新。在推进马克思主义中国化时代化的历史进程中，我们党取得了毛泽东思想、邓小平理论、"三个代表"重要思想、科学发展观等重大理论成果，始终

1　习近平：《论党的宣传思想工作》，中央文献出版社 2020 年版，第 387 页。

2　习近平：《论党的宣传思想工作》，中央文献出版社 2020 年版，第 388 页。

坚持解放思想、实事求是、与时俱进、求真务实，使马克思主义在中国焕发出强大生命力。在总结历史经验基础上，我们始终聚焦用党的创新理论武装全党、教育人民这个首要政治任务，党的十九大报告将党的十八大以来党的创新理论的主要内容概括为"八个明确""十四个坚持"，经过党的十九届六中全会的概括，到党的二十大报告将之概括为"十个明确""十四个坚持""十三个方面成就"，并总结提炼和深刻阐述"两个结合""六个必须坚持"等推进党的理论创新的科学方法，表明习近平新时代中国特色社会主义思想的发展是一个不断丰富拓展并不断体系化、学理化的过程。其中新鲜且宝贵的经验构成了坚持文化领导权的理论内核。

仔细梳理党的十八大以来党中央在理论创新（尤其是文化领导权领域）上的举措与创获，可从三个方面加以概括。一是新时代党中央通过定期举行中央政治局集体学习和适时举办重大纪念活动的方式不断温故知新，推进全党加强对重要理论的学习与理解。我们党在中国这样一个有着14亿多人口的大国执政，面对着十分复杂的国内外环境，肩负着繁重的执政使命，如果缺乏理论思维的有力支撑，是难以战胜各种风险和困难的，也是难以不断前进的。是故，全党都要加强对马克思主义哲学的学习和运用，提高运用马克思主义立场观点方法分析和解决问题的能力。从2013年到2023年，十年间中央政治局先后举行了六次专题性质的集体学习，分别围绕"坚持历史唯物主义""坚持和运用辩证唯物主义""学习马克思主义政治经济学""当代世界马克思主义思潮及其影响""《共产党宣言》及其时代意义""开辟马克思主义中国化时代化新境界"进行了深入探讨，并作出重要指示。2013年12月3日，在十八届中央政治局第十一次集体学习时，习近平总书记强调要始终坚持历史唯物主义，不断开辟当代中国马克思主义发展新境界。全党要善于活学活用历史唯物主义原理，"深刻认识全面深化改革规律、更好落实各项改革举措"[1]，即学习和掌握社会基本矛盾分析法，深入理解全面深化改革的重要性和紧迫性；学习和掌握物质生产是社会生活的基础的观点，准确把握全面深化改革的重大关系；学习和掌握人民群众是历史创造者的观点，紧紧依靠人民推进改革。2015年1月23日，在十八届中央政治局第二十次集体学习时，习近平总书记强调全党要"更加自觉地坚持和运用辩证唯物主义世界观和方法论，更好在实际工作中把握现象和本质、形式和内容、原因和结果、偶然和必然、可能和现实、内因和外因、共性和个性的关系，增强辩证思维、战略思维能力"[2]，即学习掌握世界统一于物质、物质决定意识的原理，坚持从客观实际出发制定政策、推动工作；学习掌握事物矛盾运动的基本原理，不断强化问题意识，积极面对和化解前进中遇到的矛盾；学习掌握唯物辩证法的根本方法，不断增强辩证思维能力，提高驾驭复杂局面、处理复杂问题的本领；学习掌握认识和实践辩证关系的原理，坚持实践第一的观点，不断推进实践基础上的理论创新。2015年11月23日，在十八届中央政治局第二十八次集体学习时，习近平总书记强调"学习马克思主义政治经济学，是为了更好指导我国经济发展实践，既要坚持其基本原理和方法论，更要同我国经济发展实际相结合，不断形成新的理论成果"[3]，即坚持以人民为中心的发展思想；坚持新的发展理念；坚持和完善社会主义基本经济制度；坚持和完善社会主义基本分配制度；坚持社会主义市场经济改革方向；坚持对外开放基本国策。2017年9月29日，在十八届中央政治局第四十三次集体学习时，习近平总书记指出："当代世界马克思主义思潮，一个很重要的特点就是他们中很多人对资本主义结构性矛盾以及

1　习近平:《论党的宣传思想工作》，中央文献出版社2020年版，第33页。

2　习近平:《论党的宣传思想工作》，中央文献出版社2020年版，第125页。

3　习近平:《论党的宣传思想工作》，中央文献出版社2020年版，第137页。

生产方式矛盾、阶级矛盾、社会矛盾等进行了批判性揭示，对资本主义危机、资本主义演进过程、资本主义新形态及本质进行了深入分析。这些观点有助于我们正确认识资本主义发展趋势和命运，准确把握当代资本主义新变化新特征，加深对当代资本主义变化趋势的理解"，并且强调"马克思主义就是我们党和人民事业不断发展的参天大树之根本，就是我们党和人民不断奋进的万里长河之泉源。背离或放弃马克思主义，我们党就会失去灵魂、迷失方向"。[1]2018 年 4 月 23 日，在十九届中央政治局第五次集体学习时，习近平总书记指出此次学习的目的"是通过重温经典，感悟马克思主义的真理力量，坚定马克思主义信仰，追溯马克思主义政党保持先进性和纯洁性的理论源头，提高全党运用马克思主义基本原理解决当代中国实际问题的能力和水平"[2]，并强调中国共产党人要始终站在人类发展前沿，善于洞察时代风云，把握时代大势，积极探索关系人类前途命运的重大问题，为应对和解决当今世界面临的全球性挑战、共性问题贡献中国智慧、中国方案。与此同时，中国共产党人要始终继承优良传统，紧密联系亿万群众的创造性实践，尊重人民群众的主体地位和首创精神，并始终坚持问题导向，聚焦我国改革开放和社会主义现代化建设面临的重大现实问题、全局性战略问题、人民群众关心关注的热点难点问题，殚精竭虑，不断探索，提供新理念、新思路、新办法，从而在新的时代续写马克思主义中国化新篇章。2023 年 6 月 30 日，在二十届中央政治局第六次集体学习时，习近平总书记指出此次学习"目的是深化对党的理论创新的规律性认识，进一步明确理论创新的方位、方

1　习近平:《论党的宣传思想工作》，中央文献出版社 2020 年版，第 287、286 页。

2　习近平:《论党的宣传思想工作》，中央文献出版社 2020 年版，第 305—306 页。

向、方法，在新时代新征程上取得更为丰硕的理论创新成果"[1]，并强调未来的理论创新务必牢记"始终坚守理论创新的魂和根""及时科学解答时代新课题""着力推进党的创新理论体系化学理化""注重从人民群众的创造中汲取理论创新智慧"等四方面内容。[2] 应该说，经过这六次具有标志性意义的集体学习，其中的诸多论断已经升华为新时代理论创新的时代方位、推进方向与路径方法。

与此同时，十年来党中央还适时举办了四次重大的纪念活动，从而强化了理论创新的效果和价值。2013 年 12 月 26 日，在纪念毛泽东同志诞辰 120 周年座谈会上，习近平总书记强调"坚持实事求是，就要不断推进实践基础上的理论创新"[3]，"历史条件的多样性，决定了各国选择发展道路的多样性。人类历史上，没有一个民族、没有一个国家可以通过依赖外部力量、跟在他人后面亦步亦趋实现强大和振兴。那样做的结果，不是必然遭遇失败，就是必然成为他人的附庸"[4]。这些重要论述充分说明中国特色社会主义道路的独特性、科学性与必然性。2014 年 8 月 20 日，在纪念邓小平同志诞辰 110 周年座谈会上，习近平总书记指出："实事求是，是邓小平同志一生最重要的思想特点，也永远是中国共产党人应该遵循的思想方法。"[5] 对于一个政党、一个国家而言，战略问题是根本性问题。战略判断是否准确，战略谋划是否科学，战略是否赢得主动，关乎党和人民事业之根本。因此"我们要学习邓小平同志'放眼世界，放眼未来，也放眼

1　习近平：《开辟马克思主义中国化时代化新境界》，《求是》2023 年第 20 期。

2　习近平：《开辟马克思主义中国化时代化新境界》，《求是》2023 年第 20 期。

3　习近平：《论党的宣传思想工作》，中央文献出版社 2020 年版，第 43 页。

4　习近平：《论党的宣传思想工作》，中央文献出版社 2020 年版，第 46 页。

5　中共中央文献研究室编：《十八大以来重要文献选编》（中），中央文献出版社 2016 年版，第 42 页。

当前，放眼一切方面'的世界眼光和战略思维，学习他善于抓住关键、纲举目张的思想方法和工作方法，站在时代前沿观察思考问题，把党和人民事业放到历史长河和全球视野中来谋划，以小见大、见微知著，在解决突出问题中实现战略突破，在把握战略全局中推进各项工作"[1]。2018 年 5 月 4 日，在纪念马克思诞辰 200 周年大会上，习近平总书记从马克思主义关于人类社会发展规律、关于坚守人民立场、关于生产力和生产关系、关于人民民主、关于文化建设、关于社会建设、关于人与自然关系、关于世界历史、关于马克思主义政党建设等九个方面总结了当代学习马克思主义思想理论的重点所在，并指出"理论的生命力在于不断创新，推动马克思主义不断发展是中国共产党人的神圣职责。我们要坚持用马克思主义观察时代、解读时代、引领时代，用鲜活丰富的当代中国实践来推动马克思主义发展，用宽广视野吸收人类创造的一切优秀文明成果，坚持在改革中守正出新、不断超越自己，在开放中博采众长、不断完善自己，不断深化对共产党执政规律、社会主义建设规律、人类社会发展规律的认识，不断开辟当代中国马克思主义、二十一世纪马克思主义新境界！"[2]2023 年 12 月 26 日，在纪念毛泽东同志诞辰 130 周年座谈会上，习近平总书记指出，"大力推进实践基础上的理论创新，自觉用中国化时代化的马克思主义指导新的实践，是我们党把握历史主动、紧跟时代步伐、不断开创事业发展新局面的成功之道"[3]。因此，我们要坚持把马

1　中共中央文献研究室编：《十八大以来重要文献选编》（中），中央文献出版社 2016 年版，第 46 页。

2　习近平：《论党的宣传思想工作》，中央文献出版社 2020 年版，第 335 页。

3　《中共中央举行纪念毛泽东同志诞辰 130 周年座谈会　习近平发表重要讲话强调，把毛泽东同志开创的事业继续推向前进，以中国式现代化全面推进强国建设、民族复兴伟业》，《人民日报》2023 年 12 月 27 日。

克思主义基本原理同中国具体实际相结合、同中华优秀传统文化相结合，深入探索中国式现代化建设规律，不断回答实践遇到的崭新课题，以理论创新引领实践创新。可见，随着中国共产党基于丰富复杂实践探索的积累和总结，新时代理论创新的核心任务即不断开辟马克思主义中国化时代化新境界。

二是多次强调新时代理论创新的重要阵地是党校系统与中国特色哲学社会科学。党校事业是党的事业的重要组成部分，党中央对党校工作极为重视，并就其加强理论总结和理论创新的任务提出了新的要求。2015 年 12 月 11 日，在全国党校工作会议上，习近平总书记提出"希望党校成为党和国家的重要智库"的期许，并强调"党校特别是中央党校要坚持以马克思主义为指导，在研究上多下功夫，多搞'集成'和'总装'，多搞'自主创新'和'综合创新'，为建设具有中国特色、中国风格、中国气派的哲学社会科学体系作出贡献。党校要发挥自己马克思主义基本理论学科优势，认真研究、宣传、阐述党的思想理论，加强党的基本理论研究，更加及时地发出中国声音、更加鲜明地展现中国思想、更加响亮地提出中国主张"[1]。2023 年 3 月 1 日，在中央党校建校 90 周年庆祝大会暨 2023 年春季学期开学典礼上，习近平总书记又提出党校"努力当好党的思想理论建设的生力军"的新要求，希望各级党校特别是中央党校要进一步拓展研究阐释的深度和广度，充分发扬理论联系实际的优良学风，充分发挥自身的学科优势、学术优势、话语优势，加强对新时代中国特色社会主义思想的研究阐释工作，特别是要在体系化、学理化上下功夫，把党的创新理论的时代背景、科学体系、精神实质、实践要求、原创性贡献研究深、阐释透，用通俗易懂的语言将其中的道理学理哲理讲得令人信服，切实把鲜活的思

1　习近平：《论党的宣传思想工作》，中央文献出版社 2020 年版，第 160 页。

想讲鲜活，把彻底的理论讲彻底，有力推动党的创新理论深入人心。党校要紧紧关注党的一系列重大问题，"形成立得住、叫得响、有分量的研究成果，为我们党不断深化对共产党执政规律、社会主义建设规律、人类社会发展规律的认识，不断谱写马克思主义中国化时代化新篇章贡献智慧和力量"[1]。一个国家的发展水平，既取决于自然科学发展水平，也取决于哲学社会科学发展水平。坚持和发展中国特色社会主义，需要不断在实践和理论上进行探索、用发展着的理论指导发展着的实践。在这个过程中，哲学社会科学具有不可替代的重要地位，哲学社会科学工作者具有不可替代的重要作用。2016 年 5 月 17 日，党中央专门召开哲学社会科学工作座谈会，会议指出："当代中国哲学社会科学是以马克思主义进入我国为起点的，是在马克思主义指导下逐步发展起来的。"[2]在坚持不忘本来、吸收外来、面向未来的多重维度中，习近平总书记指出中国特色哲学社会科学首先应鲜明体现"继承性、民族性"，马克思主义的资源是"中国特色哲学社会科学的主体内容，也是中国特色哲学社会科学发展的最大增量"，绵延 5000 多年的中华文化，"是中国特色哲学社会科学成长发展的深厚基础"，国外哲学社会科学的资源"可以成为中国特色哲学社会科学的有益滋养"。[3]其次，中国特色哲学社会科学要体现"原创性、时代性"，"我国哲学社会科学应该以我们正在做的事情为中心，从我国改革发展的实践中挖掘新材料、发现新问题、提出新观点、构建新理论，加强对改革开放和社会主义现代化建设实践经验的系统总结，加强对发展社会主义市场经

1　习近平：《在中央党校建校 90 周年庆祝大会暨 2023 年春季学期开学典礼上的讲话》，《求是》2023 年第 7 期。

2　习近平：《论党的宣传思想工作》，中央文献出版社 2020 年版，第 216—217 页。

3　习近平：《论党的宣传思想工作》，中央文献出版社 2020 年版，第 227 页。

济、民主政治、先进文化、和谐社会、生态文明以及党的执政能力建设等领域的分析研究，加强对党中央治国理政新理念新思想新战略的研究阐释，提炼出有学理性的新理论，概括出有规律性的新实践"。[1] 再次，中国特色哲学社会科学要体现"系统性、专业性"，重中之重在于"不断推进学科体系、学术体系、话语体系建设和创新，努力构建一个全方位、全领域、全要素的哲学社会科学体系"。[2]

三是提炼出"两个结合"的最新理论成果，这是我们取得成功的最大法宝。在5000多年中华文明深厚基础上开辟和发展中国特色社会主义，把马克思主义基本原理同中国具体实际相结合、同中华优秀传统文化相结合是必由之路。这是我们在探索中国特色社会主义道路中得出的规律性认识。尤其是"第二个结合"的提出，是我们党对马克思主义中国化时代化历史经验的深刻总结，是对中华文明发展规律的深刻把握，表明我们党对中国道路、理论、制度的认识达到了新高度，表明我们党的历史自信、文化自信达到了新高度，表明我们党在传承中华优秀传统文化中推进文化创新的自觉性达到了新高度。[3] 可以说，"两个结合"是新时代中国共产党理论创新的最新且最大的成果。

如何让5000多年绵延不绝、深厚博大的中华文明在新的时代与时俱进、故物重光？如何使马克思主义在新的时代局势中愈发成为"中国的"，被赋予日益鲜明的中国风格与中国气派？党的十八大以来，党中央对该问题念兹在兹，极度关注。如何在新的时代实现对中华优秀传统文化之继

1　习近平：《论党的宣传思想工作》，中央文献出版社2020年版，第232—233页。

2　习近平：《论党的宣传思想工作》，中央文献出版社2020年版，第233页。

3　习近平：《在文化传承发展座谈会上的讲话》，人民出版社2023年版，第9页。

承与弘扬？习近平总书记给出了行之有效的答案：创造性转化、创新性发展。伴随着实践的深入，"两创"逐渐升级为新时代中国共产党进行文化传承发展的基本方针。

"两创"的持续升华，必然推进马克思主义中国化时代化愈加深化，其与中华优秀传统文化的内在深刻关系问题日益凸显。2018 年 5 月 4 日，在纪念马克思诞辰 200 周年大会上，习近平总书记指出，"社会主义并没有定于一尊、一成不变的套路，只有把科学社会主义基本原则同本国具体实际、历史文化传统、时代要求紧密结合起来，在实践中不断探索总结，才能把蓝图变为美好现实"[1]。这一重要论述实际上点明了马克思主义同中华优秀传统文化相结合的必要性。2019 年 10 月 31 日，在党的十九届四中全会第二次全体会议上，习近平总书记明确提出："马克思主义传入中国后，科学社会主义的主张受到中国人民热烈欢迎，并最终扎根中国大地、开花结果，决不是偶然的，而是同我国传承了几千年的优秀历史文化和广大人民日用而不觉的价值观念融通的。"[2] 这无疑揭示出"第二个结合"的可能性和契合性。于是，到了 2021 年 3 月 22 日，在福建武夷山市朱熹园考察时，习近平总书记明确提出："要把坚持马克思主义同弘扬中华优秀传统文化有机结合起来"[3]。"有机结合"的说法，实际上已经触及"第二个结合"的最终形式与践行路径层面。2021 年 7 月 1 日，在庆祝中国共产党成立 100 周年大会上，习近平总书记首次提出"两个结合"的重大理论命题，即"坚持把马克思主义基本原理同中国具体实际相结合、同中

1　习近平：《论党的宣传思想工作》，中央文献出版社 2020 年版，第 355 页。

2　《习近平著作选读》第二卷，人民出版社 2023 年版，第 278 页。

3　《习近平在福建考察时强调　在服务和融入新发展格局上展现更大作为　奋力谱写全面建设社会主义现代化国家福建篇章》，《人民日报》2021 年 3 月 26 日。

华优秀传统文化相结合，用马克思主义观察时代、把握时代、引领时代，继续发展当代中国马克思主义、二十一世纪马克思主义！"[1] 这意味着，我们党在长期坚持的"把马克思主义基本原理同中国具体实际相结合"的基础上，经过实事求是的探索，形成了"同中华优秀传统文化相结合"这一重要论断。

在党的二十大报告中，党中央对"第二个结合"作了更为明晰深刻的说明与阐释。报告指出："中国共产党人深刻认识到，只有把马克思主义基本原理同中国具体实际相结合、同中华优秀传统文化相结合，坚持运用辩证唯物主义和历史唯物主义，才能正确回答时代和实践提出的重大问题，才能始终保持马克思主义的蓬勃生机和旺盛活力。"[2] 这一重大论断，精辟阐述了"两个结合"的深刻内涵和重大意义，为党在新时代新征程上坚持"两个结合"、推进理论创新指明了原则路径，提出了更高要求。与此同时，就有待继续破题的"第二个结合"，报告首先写道："坚持和发展马克思主义，必须同中华优秀传统文化相结合。只有植根本国、本民族历史文化沃土，马克思主义真理之树才能根深叶茂。"[3] 这再次重申了"第二个结合"的重要性与必然性。2023 年 6 月 2 日，在文化传承发展座谈会上，习近平总书记更将"第二个结合"重大理论的内在逻辑与战略意义和盘托出、充分表达："彼此契合"是前提，"互相成就"是路径，"道路根基"是基础，"创新空间"是关键，"文化主体性"是根本。五部分环环相扣、逐层深入，构成了新时代中国共产党最新的原创性理论。

如上充分说明，从"第一个结合"到"第二个结合"，由"深相结合"到"有机结合"，中国共产党对于自身文明、本国文化的认知渐从自在走

1　《习近平著作选读》第二卷，人民出版社 2023 年版，第 483 页。

2　《习近平著作选读》第一卷，人民出版社 2023 年版，第 14 页。

3　《习近平著作选读》第一卷，人民出版社 2023 年版，第 15 页。

向自觉。正基于此，我们党必须始终坚守理论创新的魂和根。马克思主义中国化时代化这个重大命题本身就决定，我们决不能抛弃马克思主义这个魂脉，决不能抛弃中华优秀传统文化这个根脉。坚守好这个魂和根，是理论创新的基础和前提，理论创新也是为了更好坚守这个魂和根。魂在，主体屹立不倒；根固，大树枝繁叶茂。坚持是为了更好地发展，发展也是为了更好地坚持。理论创新必须讲新话，但不能丢了老祖宗，数典忘祖就等于割断了魂脉和根脉，最终会犯失去魂脉和根脉的颠覆性错误。因此，马克思主义中国化时代化的关键所在，是不断追问历史，汲取优秀传统文化的精髓。

三、做好新闻舆论工作是党的一项重要工作

新闻舆论工作历来是党的重要工作，事关旗帜和道路，事关贯彻落实党的理论和路线方针政策，事关顺利推进党和国家各项事业，事关全党全国各族人民凝聚力和向心力，事关党和国家前途命运。[1] 党的十八大以来，党中央从工作全局出发把握新闻舆论的定位，坚持党的领导，坚持正确政治方向，坚持以人民为中心的工作导向，尊重新闻传播规律，创新方法手段，切实不断提高党的新闻舆论传播力、引导力、影响力、公信力。

坦率而言，党的十八大前后我国所处的新闻舆论环境极其复杂，所遭遇的挑战也十分严峻。党中央深入研判舆论局势，直面诸多挑战，边破边立，逐渐形成了指引党的新闻舆论工作的原则、观念、方针与方式。

---

[1] 中共中央党史和文献研究院编：《习近平关于社会主义精神文明建设论述摘编》，中央文献出版社 2022 年版，第 73 页。

习近平总书记明确指出："在新的时代条件下，党的新闻舆论工作的职责和使命是：高举旗帜、引领导向，围绕中心、服务大局，团结人民、鼓舞士气，成风化人、凝心聚力，澄清谬误、明辨是非，联接中外、沟通世界。"[1] 若要承担起这个职责和使命，首先，应牢牢坚持党性原则。客观地讲，国际舆论格局依然是西强我弱，但这个格局不是不可改变、不可扭转的，关键看我们如何做好新闻舆论工作。首要任务自然是要确立正确的指导原则——党性原则。党性原则是党的新闻舆论工作的根本原则。申言之，党管宣传、党管意识形态、党管媒体是坚持党的领导的重要方面。第一，坚持党性原则，最根本的是坚持党对新闻舆论工作的领导。坚持党性原则，必须自觉在思想上政治上行动上同党中央保持高度一致。第二，坚持党性原则，必须加深对党性和人民性关系的认识。坚持党性就是坚持人民性。党性寓于人民性之中，没有脱离人民性的党性，也没有脱离党性的人民性，二者是一体两面、融为一体的。这就意味着，坚持党性，新闻舆论工作才能有明确的立场和指向；坚持人民性，新闻舆论工作才能有活力源泉和动力根基。第三，坚持党性原则，不仅仅是个别机构或新闻从业人员的职责，更是全党的事情。正如习近平总书记所强调的，既要"严格落实政治家办报要求，确保新闻宣传工作的领导权始终掌握在对党忠诚可靠的人手中"[2]，同时"讲好中国故事，不仅中央的同志要讲，而且各级领导干部都要讲；不仅宣传部门要讲、媒体要讲，而且实际工作部门都要讲、各条战线都要讲"[3]。

1　中共中央党史和文献研究院编：《习近平关于社会主义精神文明建设论述摘编》，中央文献出版社 2022 年版，第 74 页。

2　《习近平在视察解放军报社时强调　坚持军报姓党坚持强军为本坚持创新为要　为实现中国梦强军梦提供思想舆论支持》，《人民日报》2015 年 12 月 27 日。

3　中共中央文献研究室编：《习近平关于社会主义文化建设论述摘编》，中央文献出版社 2017 年版，第 211 页。

其次，应牢牢坚持马克思主义新闻观。毫无疑问，新闻观是新闻舆论工作的灵魂。党中央于党的十八大以来着力加强和深入开展马克思主义新闻观教育，有效引导广大新闻舆论工作者做党的政策主张的传播者、时代风云的记录者、社会进步的推动者、公平正义的守望者。

再次，应牢牢坚持正面宣传为主的工作方针。早在 2013 年的全国宣传思想工作会议上，习近平总书记即强调："坚持团结稳定鼓劲、正面宣传为主，是宣传思想工作必须遵循的重要方针。"[1]当代中国正在进行具有许多新的历史特点的伟大斗争，面临的挑战和困难前所未有，必须坚持巩固壮大主流思想舆论，弘扬主旋律，传播正能量，激发全社会团结奋进的强大力量。实现正面宣传效果之关键，是要提高质量和水平，把握好时度效，增强吸引力和感染力，让群众爱听爱看、产生共鸣，充分发挥正面宣传鼓舞人、激励人的作用。这是党的新闻舆论工作必须遵循的基本方针。习近平总书记在 2018 年全国宣传思想工作会议上用了一个非常形象的概括——"聚民心"，"就是要牢牢把握正确舆论导向，唱响主旋律，壮大正能量，做大做强主流思想舆论，把全党全国人民士气鼓舞起来、精神振奋起来，朝着党中央确定的宏伟目标团结一心向前进"[2]。要想真正实现民心相聚，一是务必增强吸引力和感染力。真实性是新闻的生命。要根据事实来描述事实，既准确报道个别事实，又从宏观上把握和反映事件或事物的全貌。二要注意不是说只能讲正面，不能讲负面，关键是要从总体上把握好平衡。舆论监督和正面宣传是统一的，而不是对立的。

复次，应不懈探索互联网与新媒体环境下新闻舆论工作创新方式。毋庸讳言，当前的媒体格局、舆论生态、受众对象、传播技术都在发生深刻

1　习近平：《论党的宣传思想工作》，中央文献出版社 2020 年版，第 16 页。

2　习近平：《论党的宣传思想工作》，中央文献出版社 2020 年版，第 339 页。

变化，特别是互联网正在媒体领域催发一场前所未有的变革。因此，网络意识形态安全风险问题尤其值得高度关注，新闻舆论工作的重要作用在此环境下愈发凸显。习近平总书记曾在一份报告上作出如下批示："网络已是当前意识形态斗争的最前沿。掌握网络意识形态主导权，就是守护国家的主权和政权。各级党委和党员干部要把维护网络意识形态安全作为守土尽责的重要使命，充分发挥制度体制优势，坚持管用防并举，方方面面齐动手，坚决打赢网络意识形态斗争，切实维护以政权安全、制度安全为核心的国家政治安全。"[1]可以说，没有网络安全就没有国家安全；过不了互联网这一关，就过不了长期执政这一关。全媒体不断发展，出现了全程媒体、全息媒体、全员媒体、全效媒体，信息无处不在、无所不及、无人不用，导致舆论生态、媒体格局、传播方式发生深刻变化，新闻舆论工作面临着全新的挑战，推动媒体融合发展、建设全媒体成为我们面临的一项紧迫课题。正基于此，党中央全面深刻把握媒体融合发展的大趋势和新规律，坚持导向为魂、移动为先、内容为王、创新为要，在体制机制、政策措施、流程管理、人才技术等方面加快融合步伐，制定了一系列行之有效的创新方式。其一，党中央明确指出，对新闻媒体来说，内容创新、形式创新、手段创新都重要，但内容创新是根本的。其二，党中央强调，传统媒体和新兴媒体不是取代关系，而是迭代关系；不是谁主谁次，而是此长彼长；不是谁强谁弱，而是优势互补。要统筹处理好传统媒体和新兴媒体、中央媒体和地方媒体、主流媒体和商业平台、大众化媒体和专业性媒体的关系，不能搞"一刀切""一个样"。要形成资源集约、结构合理、差异发展、协同高效的全媒体传播体系。[2]其三，要把党管媒体的原则贯彻

1　习近平：《论党的宣传思想工作》，中央文献出版社2020年版，第22页。

2　习近平：《论党的宣传思想工作》，中央文献出版社2020年版，第355—356页。

到新媒体领域，所有从事新闻信息服务、具有媒体属性和舆论动员功能的传播平台都要纳入管理范围，所有新闻信息服务和相关业务从业人员都要实行准入管理。其四，积极推进网上宣传理念、内容、形式、方法、手段等创新，把握好时度效，构建网上网下同心圆，更好凝聚社会共识，巩固全党全国人民团结奋斗的共同思想基础。其五，各级党委和政府要从政策、资金、人才等方面加大对媒体融合发展的支持力度。各级宣传管理部门要改革创新管理机制，配套落实政策措施，推动媒体融合朝着正确方向发展。各级领导干部要增强同媒体打交道的能力，善于通过网络走群众路线，不断提高治国理政能力和水平。总之一句话："正能量是总要求，管得住是硬道理，现在还要加一条，用得好是真本事。"[1]

四、加强国际传播能力建设是当前的紧迫任务

中国共产党历来高度重视对外传播工作。客观而言，党的十八大前后，我们面临的国际传播形势不容乐观，难题甚多，优秀的中国方案和智慧"在国际上的声音还比较小"[2]。究其缘由，在于"中国在世界上的形象很大程度上仍是'他塑'而非'自塑'，我们在国际上有时还处于有理说不出、说了传不开的境地，存在着信息流进流出的'逆差'、中国真实形象和西方主观印象的'反差'、软实力和硬实力的'落差'"[3]。这说明，我们在国际舆论场中"挨骂"的问题还没有得到根本解决。争取国际话语权

1　习近平：《论党的宣传思想工作》，中央文献出版社 2020 年版，第 356 页。

2　习近平：《论党的宣传思想工作》，中央文献出版社 2020 年版，第 235 页。

3　中共中央文献研究室编：《习近平关于社会主义文化建设论述摘编》，中央文献出版社 2017 年版，第 212 页。

是中国共产党必须解决好的一个重大且紧迫的问题。

直面严峻的现实,早在 2013 年全国宣传思想工作会议上,习近平总书记就提出了极为务实且具有前瞻性的国际传播战略:"要着力推进国际传播能力建设,创新对外宣传方式,加强话语体系建设,着力打造融通中外的新概念新范畴新表述,讲好中国故事,传播好中国声音,增强在国际上的话语权。"[1] 历经十多年的实践与实战,我们大力推动国际传播守正创新,理顺内宣外宣体制,打造具有国际影响力的媒体集群,积极推动中华文化"走出去",有效开展国际舆论引导和舆论斗争,初步构建起多主体、立体式的大外宣格局,我国国际话语权和影响力显著提升,在加强国际传播能力方面积累了十分宝贵的经验。

第一,要加快构建中国话语和中国叙事体系,打造融通中外的新概念、新范畴、新表述。要加强对中国共产党的宣传阐释,帮助国外民众认识到中国共产党真正为中国人民谋幸福而奋斗,了解中国共产党为什么能、马克思主义为什么行、中国特色社会主义为什么好。要围绕中国精神、中国价值、中国力量,从政治、经济、文化、社会、生态文明等多个视角进行深入研究,为开展国际传播工作提供学理支撑。

第二,要更好推动中华文化"走出去",以文载道、以文传声、以文化人,以理服人、以文服人、以德服人,向世界阐释推介更多具有中国特色、体现中国精神、蕴藏中国智慧的优秀文化。同时,我们要注重把握好基调,既开放自信也谦逊谦和,努力塑造可信、可爱、可敬的中国形象。这方面大有可为,党中央也用力尤多。比如,针对一些国外友人对中国有偏见的现状,经过研判,我们了解其原因主要源于陌生、隔阂和不了解。可想而

1　中共中央文献研究室编:《习近平关于社会主义文化建设论述摘编》,中央文献出版社 2017 年版,第 197—198 页。

知，了解中国，不能只看一个点、一个面，切忌盲人摸象。介绍中国，既要介绍特色的中国，也要介绍全面的中国；既要介绍古老的中国，也要介绍当代的中国；既要介绍中国的经济社会发展，也要介绍中国的人和文化。国外友人迫切想知道中国人的世界观、人生观、价值观，想知道中国人对自然、对世界、对历史、对未来的看法，想知道中国人的喜怒哀乐，想知道中国的历史传承、风俗习惯、民族特性，等等。毫无疑问，这些方面单纯依赖正规的新闻发布、官方介绍是远远不够的，靠外国民众来中国亲自了解、亲身感受是很有限的。于是文艺便成为很好的交流方式，可以发挥不可替代的作用。一部小说，一篇散文，一首诗，一幅画，一张照片，一部电影，一部电视剧，一曲音乐，都能给外国人了解中国提供一个独特的视角，都能以各自的魅力去吸引人、感染人、打动人。京剧、民乐、书法、国画等都是我国文化瑰宝，都是外国人了解中国的重要途径。习近平总书记勉励广大文艺工作者"要讲好中国故事、传播好中国声音、阐发中国精神、展现中国风貌，让外国民众通过欣赏中国作家艺术家的作品来深化对中国的认识、增进对中国的了解。要向世界宣传推介我国优秀文化艺术，让国外民众在审美过程中感受魅力，加深对中华文化的认识和理解"[1]。再比如，要想讲好5000多年中华文明的故事，考古学的作用无可替代。习近平总书记指出："要运用我国考古成果和历史研究成果，通过交流研讨等方式，向国际社会展示博大精深的中华文明，讲清楚中华文明的灿烂成就和对人类文明的重大贡献，让世界了解中国历史、了解中华民族精神，从而不断加深对当今中国的认知和理解，营造良好国际舆论氛围。"[2] 还有，针对西方某些国家

---

[1] 习近平：《论党的宣传思想工作》，中央文献出版社2020年版，第105页。

[2] 《习近平在中央政治局第二十三次集体学习时强调 建设中国特色中国风格中国气派的考古学 更好认识源远流长博大精深的中华文明》，《人民日报》2020年9月30日。

别有用心地在中国民族问题上做文章，我们"要讲好中华民族故事，大力宣介中华民族共同体意识。要大力宣传中华民族的历史，大力宣传中华民族共同体理论，大力宣传新时代党的民族工作取得的历史性成就，大力宣传中华民族同世界各国人民携手构建人类命运共同体的美好愿景。创新涉民族宣传的传播方式，丰富传播内容，拓宽传播渠道，讲好中华民族共同体故事，讲清楚中国共产党领导和社会主义制度是我国各民族共同发展进步的可靠保障，讲清楚中华民族是具有强大认同度和凝聚力的命运共同体，讲清楚中国特色解决民族问题的正确道路所具有的明显优越性。积极推动中外学术界、民间团体交流互动"[1]。

第三，要广泛宣介中国主张、中国智慧、中国方案。我国日益走近世界舞台中央，有能力也有责任在全球事务中发挥更大作用，同各国一道为解决全人类问题作出更大贡献。中国共产党在新时代十年提出的"构建人类命运共同体"、"一带一路"倡议、全球安全倡议、全球发展倡议、全球文明倡议、全人类共同价值等理念主张，即可作如是观。同时，我们要善于运用各种生动感人的事例，说明中国发展本身就是对世界的最大贡献、为解决人类问题贡献了智慧。

第四，要深入开展各种形式的人文交流活动，通过多种途径推动我国同各国的人文交流和民心相通。要创新体制机制，把我们的制度优势、组织优势、人力优势转化为传播优势。要更好发挥高层次专家作用，利用重要国际会议论坛、外国主流媒体等平台和渠道发声。各地区各部门要发挥各自特色和优势开展工作，展示丰富多彩、生动立体的中国形象。申言之，即"展示中国历史底蕴深厚、各民族多元一体、文化多样和谐的文明

1　《习近平在中共中央政治局第九次集体学习时强调　铸牢中华民族共同体意识　推进新时代党的民族工作高质量发展》，《人民日报》2023 年 10 月 29 日。

大国形象，政治清明、经济发展、文化繁荣、社会稳定、人民团结、山河秀美的东方大国形象，坚持和平发展、促进共同发展、维护国际公平正义、为人类作出贡献的负责任大国形象，对外更加开放、更加具有亲和力、充满希望、充满活力的社会主义大国形象"[1]。

第五，要全面提升国际传播效能，建强适应新时代国际传播需要的专门人才队伍。要加强国际传播的理论研究，掌握国际传播的规律，构建对外话语体系，提高传播艺术。要采用贴近不同区域、不同国家、不同群体受众的精准传播方式，推进中国故事和中国声音的全球化表达、区域化表达、分众化表达，增强国际传播的亲和力和实效性。我们还要广交朋友、团结和争取大多数，不断扩大知华友华的国际舆论朋友圈，讲究舆论斗争的策略和艺术，提升重大问题对外发声能力。

通过细致梳理与剖析党的十八大以来中国共产党在坚持文化领导权方面的实践探索与理论创新，我们可以清晰归纳出三条深深内蕴于习近平文化思想之中的谋篇逻辑。

第一，"以立为本，立破并举"，习近平文化思想的形成始终带有强烈的现实问题导向。无论是面临意识形态领域的巨大挑战、互联网和新媒体环境下内外宣工作所遭遇的极大风险，抑或持续开展的伟大实践所急需的理论创新，党中央都能够找到问题关键之处，破除障碍、澄清误区，树立旗帜、确立目标，逐渐建构起一整套指导宣传思想文化工作的思想理论体系。

第二，"战略导向，整体思维"，习近平文化思想的演进始终秉承全局眼光。以文化领导权问题为例，党中央不仅把建设具有强大凝聚力和引领

---

[1]　习近平：《论党的宣传思想工作》，中央文献出版社 2020 年版，第 50 页。

力的社会主义意识形态作为全党必须担负起的一个战略任务，即使在处理理论创新、新闻舆论工作和国际传播能力建设等问题时，也并非限于具体工作部署的层面，而是立足全局和长远。在坚持文化领导权问题上，意识形态工作是首要任务，理论创新则为更好地牢牢掌握意识形态领导权提供源源不断的思想动力，新闻舆论工作是意识形态领导权在治国理政层面的具体体现，而国际传播能力建设汲取前三项工作资源作为奥援，从而不断提升中国在世界的话语权。可见，四项工作有总有分、各司其职，且内外相连、实为一体。

第三，"固本培元，守正创新"，习近平文化思想的愿景始终是为实现中华民族伟大复兴提供精神支撑。就文化领导权问题而言，守正才能不迷失中国文化意义上的自我、不迷失中国特色社会主义发展的大方向，创新才能把握时代、引领时代。守正，守的是马克思主义在意识形态领域指导地位的根本制度，守的是中国共产党在新闻舆论工作、国际话语权上的主动地位，要之，守的是中国共产党的文化领导权。创新，创的是党的核心命题与原理性、原创性理论，创的是新闻舆论工作、国际传播能力的新思路、新话语、新机制、新形式，务必要在马克思主义指导下真正做到古为今用、洋为中用、辩证取舍、推陈出新，于固本培元中实现守正创新。

第五章

坚守根魂，贯通古今：文化主体性之刍议

党中央将习近平文化思想精妙地概括为"构成了习近平新时代中国特色社会主义思想的文化篇"[1]，这无疑提示学界、理论界在考察其具体形成历程时，须立足三个基本逻辑：系统把握习近平文化思想的"谋篇"逻辑、深入梳理习近平文化思想的"开篇"脉络与精准前瞻习近平文化思想的"续篇"战略。

众所周知，改革开放以后，中国共产党坚持物质文明和精神文明两手抓、两手硬，大力推动社会主义文化繁荣发展，振奋了民族精神，凝聚了民族力量。尚需清醒认知的是，新征程上我们依然面临众多的文化风险与挑战。面对世情、国情、党情的一系列重大变化与持续递嬗，党的十八大以来，以习近平同志为核心的党中央直面挑战，深剖难题，及时谋篇，善于布局，"我国意识形态领域形势发生全局性、根本性转变，全党全国各族人民文化自信明显增强，全社会凝聚力和向心力极大提升"[2]。倘回到习近平文化思想的实际形成历程中，该思想理论体系如何构建，诸多关乎文化建设的重要部署怎样推进落地，新时代文化领域的原创性观点又通过

---

1 《习近平对宣传思想文化工作作出重要指示强调　坚定文化自信秉持开放包容坚持守正创新　为全面建设社会主义现代化国家全面推进中华民族伟大复兴提供坚强思想保证强大精神力量有利文化条件》，《人民日报》2023 年 10 月 9 日。

2 中共中央党史和文献研究院编：《十九大以来重要文献选编》（下），中央文献出版社 2023 年版，第 520 页。

何种路径被贯彻践行，以上问题必然涉及文化思想的"开篇"脉络这一宏大问题。作为习近平文化思想"开篇"脉络的重要基石，中华优秀传统文化在文化建设中居于极为关键的基础地位，正如习近平总书记反复强调的："博大精深的中华优秀传统文化是我们在世界文化激荡中站稳脚跟的根基"[1]，"是我们最深厚的文化软实力，也是中国特色社会主义植根的文化沃土"[2]，更"是中华民族的根和魂"[3]。职是之故，紧扣党中央传承和发展中华优秀传统文化这一主题线索，探讨习近平文化思想的"开篇"之基是如何在新时代依次展开且逐层深化的，并理解中华优秀传统文化对于高扬中华民族文化主体性的重大基础性价值，便甚具典型意义。

一、"精神命脉"所系：党中央对中华优秀传统文化的评估与定位

"中华优秀传统文化是中华民族的精神命脉。"[4] 这是习近平总书记对中华优秀传统文化最为鲜明的评价，也体现了中国共产党一贯以来始终不变的传统文化观。党的十八大以来，我们对中华优秀传统文化的认知更为清醒而深刻。上任伊始，习近平总书记就指出："中华民族有着五千多年的文明史，创造和传承下来丰富的优秀文化传统。一方面，随着实践发展

1　习近平：《论党的宣传思想工作》，中央文献出版社 2020 年版，第 55 页。

2　习近平：《论党的宣传思想工作》，中央文献出版社 2020 年版，第 90 页。

3　习近平：《在庆祝澳门回归祖国 15 周年大会暨澳门特别行政区第四届政府就职典礼上的讲话》，《人民日报》2014 年 12 月 21 日。

4　习近平：《论党的宣传思想工作》，中央文献出版社 2020 年版，第 179 页。

和社会进步，我们要创造更为先进的文化。另一方面，在历史进程中凝聚下来的优秀文化传统，决不会随着时间推移而变成落后的东西。"[1] 十几年来，我们党持续赓续中华文脉、推动中华优秀传统文化创造性转化和创新性发展，对其评估和定位愈发彰显历史感与时代感的高度融汇，可简要概括为"五个明确"。

第一，明确指出中华优秀传统文化是党的理论创新之"根"。回顾党的百年奋斗史，我们党之所以能够在革命、建设、改革各个历史时期取得重大成就，能够领导人民完成中国其他政治力量不可能完成的艰巨任务，根本在于掌握了马克思主义科学理论，并不断结合新的实际推进理论创新，使党掌握了强大的真理力量。其中极为宝贵的经验，在于我们党始终坚守理论创新的魂和根。"马克思主义中国化时代化这个重大命题本身就决定，我们决不能抛弃马克思主义这个魂脉，决不能抛弃中华优秀传统文化这个根脉。坚守好这个魂和根，是理论创新的基础和前提，理论创新也是为了更好坚守这个魂和根。"[2] 该重要论断揭示出一个深刻道理：理论创新绝不意味着数典忘祖，更不是推倒重来，它是返本开新与守正创新的高度结合。中华优秀传统文化的资源，体现了中国人民几千年来积累的知识智慧和理性思辨，这是理论创新和发展十分宝贵、不可多得的资源。发展马克思主义，必须坚持植根本国、本民族历史文化沃土，坚持古为今用、推陈出新，以马克思主义为指导对中华 5000 多年文明宝库进行全面挖掘，用马克思主义激活中华优秀传统文化中富有生命力的优秀因子并赋予其新的时代内涵，将中华民族的伟大精神和丰富智慧更深层次地注入马克思主义，有效把马克思主义思想精髓同中华优秀传统

1　中共中央党史和文献研究院编：《习近平关于社会主义精神文明建设论述摘编》，中央文献出版社 2022 年版，第 209 页。

2　习近平：《开辟马克思主义中国化时代化新境界》，《求是》2023 年第 20 期。

文化精华贯通起来，聚变为新的理论优势，不断攀登新的思想高峰。正是在此孜孜以求的探寻中，习近平总书记于 2021 年庆祝中国共产党成立 100 周年大会上正式提出了"坚持把马克思主义基本原理同中国具体实际相结合、同中华优秀传统文化相结合"[1]的重大命题。虽然我们党在推进马克思主义中国化的过程中并未忽视中华优秀传统文化，但其作为更为基本、更为深沉、更为持久力量的"实际"的意义在较长时间没有完全得以开显。进入新时代，随着国内外形势与任务的改变，马克思主义基本原理与具体实际相结合，必然要求进一步与文化或文明更深入地结合。与之相应，与文化或文明相结合，也必然意味着与文化或文明的表现和结果相结合。换言之，在"第二个结合"中必然包含着对"第一个结合"的要求。这意味着"第一个结合"中的实际是"自在"的实际，那么"第二个结合"里的文化或文明则是对实际的"自觉"。故而"第二个结合"在新的时代语境中，为"第一个结合"延伸了历史的规模，拓展了文明的纵深。

第二，明确指出中华优秀传统文化是实现中华民族伟大复兴的内在条件。早在 2013 年 11 月曲阜考察时，习近平总书记即强调："一个国家、一个民族的强盛，总是以文化兴盛为支撑的，中华民族伟大复兴需要以中华文化发展繁荣为条件。""对历史文化特别是先人传承下来的价值理念和道德规范，要坚持古为今用、推陈出新，有鉴别地加以对待，有扬弃地予以继承。"[2]中华民族伟大复兴的征程，何其长远，且何其艰难，不仅需要物质的发展、社会的安定、生态的良好，也需要通过中国特色社会主义文化建设为该宏大目标提供坚强思想保证、强大精神力量、有利文化条件。

1　《习近平著作选读》第二卷，人民出版社 2023 年版，第 483 页。
2　中共中央文献研究室编：《习近平关于社会主义文化建设论述摘编》，中央文献出版社 2017 年版，第 3—4、140 页。

中华优秀传统文化在其中的作用不言而喻，具体而言，主要体现在三个方面。其一，中华优秀传统文化为中国特色社会主义道路的拓展与延伸夯实根基。毫无疑问，实现中国梦必须走中国道路，这就是中国特色社会主义道路。这条道路来之不易，它是在改革开放 30 多年的伟大实践中走出来的，是在中华人民共和国成立 60 多年的持续探索中走出来的，是在对近代以来 170 多年中华民族发展历程的深刻总结中走出来的，是在对中华民族 5000 多年悠久文明的传承中走出来的，具有深厚的历史渊源和广泛的现实基础。这需要中国共产党人在迈步前行的同时，还不忘以承载古老文明的忠实继承者和弘扬者的身份，时时回望来时路。借助回溯式的研究提炼，我们经由"第二个结合"，"让中国特色社会主义道路有了更加宏阔深远的历史纵深，拓展了中国特色社会主义道路的文化根基"[1]。其二，中华优秀传统文化赋予中国式现代化以深厚底蕴。经过党的十八大以来在理论和实践上的创新突破，我们党成功推进和拓展了中国式现代化。中国式现代化既有各国现代化的共同特征，更有基于自己国情的鲜明特色。中华民族是有独特品格的民族，中华文明是自成体系的文明。独特的文化传统，独特的历史命运，独特的基本国情，注定了我们必然要走适合自己特点的现代化发展道路。唯有在此视域中，我们才能更深刻地认识到"中国式现代化是赓续古老文明的现代化，而不是消灭古老文明的现代化；是从中华大地长出来的现代化，不是照搬照抄其他国家的现代化；是文明更新的结果，不是文明断裂的产物。中国式现代化是中华民族的旧邦新命，必将推动中华文明重焕荣光"[2]之意蕴所在。其三，中华优秀传统文化为当前的

1　习近平：《在文化传承发展座谈会上的讲话》，人民出版社 2023 年版，第 7 页。

2　习近平：《在文化传承发展座谈会上的讲话》，人民出版社 2023 年版，第 7 页。

治国理政提供了极其丰富的历史经验。在漫长的历史进程中，中华民族创造了独树一帜的灿烂文化，积累了丰富的治国理政经验，其中既包括升平之世社会发展进步的成功经验，也有衰乱之世社会动荡的深刻教训。我国古代主张民惟邦本、政得其民，礼法合治、德主刑辅，为政之要莫先于得人、治国先治吏，为政以德、正己修身，居安思危、改易更化，等等，这些都给人们以重要启示。治理国家和社会，今天遇到的很多事情都可以在历史上找到影子，历史上发生过的很多事情也都可以作为今天的镜鉴。"一个国家的治理体系和治理能力是与这个国家的历史传承和文化传统密切相关的。解决中国的问题只能在中国大地上探寻适合自己的道路和办法。"[1] 要治理好今天的中国，需要对我国历史和传统文化有深入了解，也需要对我国古代治国理政的探索和智慧进行积极总结。

第三，明确指出中华优秀传统文化是坚定文化自信的源泉。体现一个国家综合实力最核心、最高层的，还是文化软实力，这事关一个民族精气神的凝聚。我们要坚持道路自信、理论自信、制度自信，最根本的还有文化自信。中华优秀传统文化之于文化自信，有着不可替代的基础作用，是其精气神凝聚的源泉。正如习近平总书记所指出的："要讲清楚中华优秀传统文化的历史渊源、发展脉络、基本走向，讲清楚中华文化的独特创造、价值理念、鲜明特色，增强文化自信和价值观自信。"[2] 一方面，中华优秀传统文化是坚定文化自信的一大来源，"在五千多年文明发展中孕育的中华优秀传统文化，在党和人民伟大斗争中孕育的革命文化和社会主义先进文化，积淀着中华民族最深层的精神追求，代表着

1　习近平：《论党的宣传思想工作》，中央文献出版社 2020 年版，第 90 页。

2　习近平：《论党的宣传思想工作》，中央文献出版社 2020 年版，第 56 页。

中华民族独特的精神标识"[1]。同时，中华优秀传统文化在文化自信中定位亦举足轻重，它既是前提，"推动中华优秀传统文化创造性转化、创新性发展，继承革命文化，发展社会主义先进文化"[2]；亦是基础，"增强文化自信，在传承中华优秀传统文化基础上发展社会主义先进文化，加快建设社会主义文化强国"[3]。另一方面，中华优秀传统文化依托多样态的载体，在寻常日用中彰显且坚定了文化自信。如作为世界现存规模最大、延续时间最长、内容最丰富、保存最完整的艺术宝库和文明的璀璨明珠，"敦煌文化展示了中华民族的文化自信。只有充满自信的文明，才会在保持自己民族特色的同时包容、借鉴、吸收各种不同文明……这是我们区别于其他国家和民族的根本特征，也铸就了中华民族博采众长的文化自信"[4]。再如，千百年来奔腾不息的黄河与长江，哺育着中华民族，孕育了中华文明。"黄河流域有三千多年是全国政治、经济、文化中心，孕育了河湟文化、河洛文化、关中文化、齐鲁文化等，分布有郑州、西安、洛阳、开封等古都，诞生了'四大发明'和《诗经》、《老子》、《史记》等经典著作。九曲黄河，奔腾向前，以百折不挠的磅礴气势塑造了中华民族自强不息的民族品格，是中华民族坚定文化自信的重要根基。"[5]"长江造就了从巴山蜀水到江南水乡的千年文脉，是中华民族的代

1　中共中央党史和文献研究院编：《十八大以来重要文献选编》（下），中央文献出版社 2018 年版，第 349 页。

2　习近平：《论党的宣传思想工作》，中央文献出版社 2020 年版，第 339 页。

3　中共中央党史和文献研究院编：《习近平关于社会主义精神文明建设论述摘编》，中央文献出版社 2022 年版，第 223 页。

4　习近平：《论党的宣传思想工作》，中央文献出版社 2020 年版，第 406—407 页。

5　中共中央党史和文献研究院编：《习近平关于社会主义精神文明建设论述摘编》，中央文献出版社 2022 年版，第 230 页。

表性符号和中华文明的标志性象征，是涵养社会主义核心价值观的重要源泉。要把长江文化保护好、传承好、弘扬好，延续历史文脉，坚定文化自信。"[1]

第四，明确指出要注重提炼概括中华优秀传统文化中的核心部分——中国文化基因及其理念体系。众所周知，中华传统文化源远流长、博大精深，中华民族形成和发展过程中产生的各种思想文化，记载了中华民族在长期奋斗中开展的精神活动、进行的理性思维、创造的文化成果，反映了中华民族的精神追求，其中最核心的内容已经成为中华民族最基本的文化基因。这些最基本的文化基因体现着中华民族世世代代在生产生活中形成和传承的世界观、人生观、价值观、审美观等，是支撑我们这个古老民族走到今天，支撑5000多年中华文明延绵至今的关键内在因素，是中华民族和中国人民在修齐治平、尊时守位、知常达变、开物成务、建功立业过程中逐渐形成的有别于其他民族的独特标识，是我们进行"基因测序"从而树立自身文化主体性的依据所在。党的十八大以来，我们对该问题高度关注，逐渐成为研究和深化中华优秀传统文化的新热点。一是"加强对中华优秀传统文化的挖掘和阐发，使中华民族最基本的文化基因与当代文化相适应、与现代社会相协调，把跨越时空、超越国界、富有永恒魅力、具有当代价值的文化精神弘扬起来"[2]。二是"深入研究中华文明、中华文化的起源和特质，形成较为完整的中国文化基因的理念体系"[3]，从而保障诸多基因得以形成合

---

[1] 中共中央党史和文献研究院编：《习近平关于社会主义精神文明建设论述摘编》，中央文献出版社2022年版，第234页。

[2] 习近平：《论党的宣传思想工作》，中央文献出版社2020年版，第228页。

[3] 中共中央党史和文献研究院编：《习近平关于社会主义精神文明建设论述摘编》，中央文献出版社2022年版，第289页。

力甚或化学反应，为相关领域提供内在精神动力。三是注重提炼当前中国精神中所蕴含的文化基因要素，如"伟大抗疫精神，同中华民族长期形成的特质禀赋和文化基因一脉相承，是爱国主义、集体主义、社会主义精神的传承和发展，是中国精神的生动诠释，丰富了民族精神和时代精神的内涵"[1]。四是"大力弘扬中华民族优秀传统文化，大力加强党风政风、社风家风建设，特别是要让中华民族文化基因在广大青少年心中生根发芽"[2]。

第五，明确指出中华优秀传统文化还存在不少需与当代文化相适应、与现代社会相协调之处。毫无疑问，中华优秀传统文化是农耕文明的产物，在中国走向现代化的过程中，出于多方面原因，人们对我国传统文化有许多不同看法。五四时期，学术界、思想界对我国传统文化进行了不同程度的批判。"文化大革命"时期，我国传统文化亦遭到批判。即使今天，人们对我国传统文化的态度仍然存在很大分歧。因此，更为客观而务实地看待中华优秀传统文化，成为新时代中国共产党必须解决好的大问题。首先，我们承认中华优秀传统文化与社会主义市场经济、民主政治、先进文化、社会治理等还存在需要协调适应的地方。其次，我们弘扬中华优秀传统文化，要处理好继承和创造性发展的关系，实现中华文化的创造性转化和创新性发展。"两创"方针遂在十余年的探索与实践中成为传承与创新中华优秀传统文化的主要路径。

1　中共中央党史和文献研究院编：《习近平关于社会主义精神文明建设论述摘编》，中央文献出版社 2022 年版，第 158 页。

2　中共中央党史和文献研究院编：《习近平关于社会主义精神文明建设论述摘编》，中央文献出版社 2022 年版，第 22 页。

二、"文化根脉"所在：党中央对中华优秀传统文化的传承与发展

"中华优秀传统文化是中华民族的文化根脉，其蕴含的思想观念、人文精神、道德规范，不仅是我们中国人思想和精神的内核，对解决人类问题也有重要价值。"[1] 党中央将中华优秀传统文化视为维系中国特色社会主义道路永续前行、中华民族生生不息、中华文明绵延不绝的根脉所在，新的历史时期，对其的传承和发展再上层楼。早在 2013 年，习近平总书记就明确指出："要讲清楚每个国家和民族的历史传统、文化积淀、基本国情不同，其发展道路必然有着自己的特色；讲清楚中华文化积淀着中华民族最深沉的精神追求，是中华民族生生不息、发展壮大的丰厚滋养；讲清楚中华优秀传统文化是中华民族的突出优势，是我们最深厚的文化软实力；讲清楚中国特色社会主义植根于中华文化沃土、反映中国人民意愿、适应中国和时代发展进步要求，有着深厚历史渊源和广泛现实基础。"[2] "四个讲清楚"，不单是我们进行对外传播的总体目标，也是新时代我们党着力推进中华优秀传统文化创造性转化、创新性发展的主攻方向。梳理具体历程，大致涉及八个方面，可归纳为"八个强调"。

第一，强调中华优秀传统文化增强文化自信、道路自信。在 2023 年文化传承发展座谈会上，习近平总书记着重强调："在五千多年中华文明

1　习近平：《论党的宣传思想工作》，中央文献出版社 2020 年版，第 342 页。

2　习近平：《论党的宣传思想工作》，中央文献出版社 2020 年版，第 17 页。

深厚基础上开辟和发展中国特色社会主义，把马克思主义基本原理同中国
具体实际、同中华优秀传统文化相结合是必由之路。这是我们在探索中国
特色社会主义道路中得出的规律性认识。"[1] 党的十八大以来，我们党反复
强调自身文明与道路前行的关系问题，提示全党必须清醒认识到，如果没
有中华 5000 多年文明，哪里有什么中国特色？如果不是中国特色，哪有
我们今天这么成功的中国特色社会主义道路？只有立足波澜壮阔的中华
5000 多年文明史，才能真正理解中国道路的历史必然、文化内涵与独特
优势。内蕴于 5000 多年文明体内的中华优秀传统文化，既是我们把握自
身道路的核心依据，又是增强文化自信的不竭源泉。首先，中华优秀传统
文化是中华民族的精神命脉，是我们在世界文化激荡中站稳脚跟的坚实根
基。增强文化自觉和文化自信，是坚定道路自信、理论自信、制度自信的
题中应有之义。无论是理论界、学术界，还是文艺界，如果一味"以洋为
尊""以洋为美""唯洋是从"，跟在别人后面亦步亦趋、东施效颦，以大
量使用西方的理论、学说、观点、框架为傲为荣，而对本国的历史文化传
统不自知、不自信，注定会陷入改旗易帜的邪路，终致万劫不复。其次，
中国特色社会主义道路是一条有着独特精神传统与文化品格的道路。历史
和现实都表明，一个抛弃了或者背叛了自己历史文化的民族，不仅不可能
发展起来，而且很可能上演一幕幕历史悲剧。"文化自信，是更基础、更
广泛、更深厚的自信，是更基本、更深沉、更持久的力量。坚定文化自
信，是事关国运兴衰、事关文化安全、事关民族精神独立性的大问题。"[2]
申言之，中国有坚定的道路自信、理论自信、制度自信，其本质是建立在
5000 多年文明传承基础上的文化自信，中华优秀传统文化在其中的作用

1　习近平：《在文化传承发展座谈会上的讲话》，人民出版社 2023 年版，第
5 页。

2　习近平：《论党的宣传思想工作》，中央文献出版社 2020 年版，第 261 页。

不言而喻。

第二，强调中华优秀传统文化具有十分丰富的精神特质与思想内涵。中华文明绵延数千年，有其独特的价值体系。中华优秀传统文化已经成为中华民族的基因，植根在中国人内心，潜移默化地影响着中国人的思想方式和行为方式。进入新时代，随着中华优秀传统文化在伟大实践中的作用愈益凸显，对其特质和内涵的提炼与运用也愈发重要，可从四方面体现。一是提倡和弘扬社会主义核心价值观，必须从中汲取丰富营养，否则就不会有生命力和影响力。比如，中华文化强调"民为邦本""天人合一""和而不同"；强调"天行健，君子以自强不息""大道之行也，天下为公"；强调"天下兴亡，匹夫有责"，主张以德治国、以文化人；强调"君子喻于义""君子坦荡荡""君子义以为质"；强调"言必信，行必果""人而无信，不知其可也"；强调"德不孤，必有邻""仁者爱人""与人为善""己所不欲，勿施于人""出入相友，守望相助""老吾老以及人之老，幼吾幼以及人之幼""扶贫济困""不患寡而患不均"；等等。诸如这样的思想和理念，不论过去还是现在，都有其鲜明的民族特色，都有其永不褪色的时代价值。二是中华优秀传统文化所具有的强大精神动力，是当代中国凝聚人心、汇聚民力的强大力量。比如，在抗疫斗争中，中国人历来抱有家国情怀，崇尚天下为公、克己奉公，信奉天下兴亡、匹夫有责，强调和衷共济、风雨同舟，倡导守望相助、尊老爱幼，讲求自由和自律统一、权利和责任统一的精神品格得到充分彰显。"十四亿中国人民显示出高度的责任意识、自律观念、奉献精神、友爱情怀，铸就起团结一心、众志成城的强大精神防线。历史和现实都告诉我们，只要不断培育和践行社会主义核心价值观，始终继承和弘扬中华优秀传统文化，我们就一定能够建设好全国各族人民的精神家园，筑牢中华儿女团结奋进、一往无前的思想基础。"[1] 三是注重深入提炼中华优秀传统文化中的重要元素，并概括了突出特性。比如，天下为公、天下大同、民为邦本、为政以德、厚德载物、明德弘道等理念，共同塑造出中华文明的五大突出特性。五大突出特性彼此间不是平面区隔的机械并列，而是立体有机的特性网络，需要从整体上加以把握，从而认清其生成机理与内在逻辑。我们须在文明自我生成与发展的脉络中，把握突出特性网络内在的运行机理，它们并非先后逐一发生效用，实际上早已于数千载历史进程中彼此互化、同时发力。如同蕴藏在生命体中的基因一般，五大突出特性既各具特色，又内在聚合成理念体系：绵延不绝源于创新不已，达致中和且包容万象，故孕育出胸怀天下、立人达人之和平气象。四是指明中华优秀传统文化虽与马克思主义来源不同，但彼此存在高度的契合性。如天下为公、讲信修睦的社会追求与共产主义、社会主义的理想信念相通，民为邦本、为政以德的治理思想与人民至上的政治观念相融，革故鼎新、自强不息的担当与共产党人的革命精神相合。马克思主义从社会关系的角度把握人的本质，中华文化也把人安放在家国天下之中，都反对把人看作孤立的个体。相互契合才能有机结合。正是在这个意义上，我们才说中国共产党既是马克思主义的坚定信仰者和践行者，又是中华优秀传统文化的忠实继承者和弘扬者。

第三，强调弘扬中华优秀传统文化要坚持创造性转化、创新性发展。新时代，我们怎样更好地在传承基础上实现中华优秀传统文化的创新，这关乎中华民族伟大复兴固本铸魂的根本大计。2013 年底，习近平总书记即指出，"要继承和弘扬我国人民在长期实践中培育和形成的传统美德，坚持马克思主义道德观、坚持社会主义道德观，在去粗取精、去伪存真

---

1 《习近平著作选读》第二卷，人民出版社 2023 年版，第 350 页。

的基础上，坚持古为今用、推陈出新，努力实现中华传统美德的创造性转化、创新性发展，引导人们向往和追求讲道德、尊道德、守道德的生活"[1]。2014 年 2 月，习近平总书记又提出："弘扬中华优秀传统文化，要处理好继承和创造性发展的关系，重点做好创造性转化和创新性发展。"[2] 同年 3 月，在巴黎联合国教科文组织总部的重要演讲中，习近平总书记强调："中国人民在实现中国梦的进程中，将按照时代的新进步，推动中华文明创造性转化和创新性发展，激活其生命力，把跨越时空、超越国度、富有永恒魅力、具有当代价值的文化精神弘扬起来，让收藏在博物馆里的文物、陈列在广阔大地上的遗产、书写在古籍里的文字都活起来，让中华文明同世界各国人民创造的丰富多彩的文明一道，为人类提供正确的精神指引和强大的精神动力。"[3] 在同年 9 月纪念孔子诞辰 2565 周年国际学术研讨会开幕致辞中，习近平总书记指出："要坚持古为今用、以古鉴今，坚持有鉴别的对待、有扬弃的继承，而不能搞厚古薄今、以古非今，努力实现传统文化的创造性转化、创新性发展，使之与现实文化相融相通，共同服务以文化人的时代任务。"[4] 在同月召开的中央民族工作会议上，习近平总书记又提出"弘扬和保护各民族传统文化……要去粗取精、推陈出新，努力实现创造性转化和创新性发展"[5] 的新要求。在 10 月召开的文艺工作者座谈会上，习近平总书记指出："传承中华文化，绝不是简单复古，也不是盲目排外，而是古为今用、洋为中用，辩证取舍、推陈出

1　习近平:《论党的宣传思想工作》，中央文献出版社 2020 年版，第 48—49 页。

2　习近平:《论党的宣传思想工作》，中央文献出版社 2020 年版，第 57 页。

3　习近平:《论党的宣传思想工作》，中央文献出版社 2020 年版，第 68—69 页。

4　《习近平著作选读》第一卷，人民出版社 2023 年版，第 281 页。

5　《习近平著作选读》第一卷，人民出版社 2023 年版，第 287 页。

新，摒弃消极因素，继承积极思想，'以古人之规矩，开自己之生面'，实现中华文化的创造性转化和创新性发展。"¹ 到了党的十九大，"两创"正式写入报告中，并确定为"推动中华优秀传统文化创造性转化、创新性发展"。从中华传统美德、中华文化再到中华文明、传统文化，"两创"不仅适用于具体的传统文化的现代转化问题，而且适用于中华文化、中华文明的现代转化问题以及马克思主义基本原理同中华优秀传统文化相结合的重大议题，逐渐升格为一种具有普遍意义的路径。伴随着 2023 年"全球文明倡议"的提出，其中第三条明确主张"要共同倡导重视文明传承和创新，充分挖掘各国历史文化的时代价值，推动各国优秀传统文化在现代化进程中实现创造性转化、创新性发展"²，"两创"遂具备了鲜明的世界意义。

第四，强调中华优秀传统文化为中国价值、中国精神提供丰厚滋养。人无精神则不立，国无精神则不强。精神是一个民族赖以长久生存的灵魂，唯有精神上达到一定的高度，这个民族才能在历史的洪流中屹立不倒、奋勇向前。"实现中国梦必须弘扬中国精神。这就是以爱国主义为核心的民族精神，以改革创新为核心的时代精神。这种精神是凝心聚力的兴国之魂、强国之魂。"³ 实现中华民族伟大复兴的中国梦，必须要有中国精神，而中国精神必须在坚持社会主义核心价值体系的前提下，积极深入中华民族历久弥新的精神世界，把长期以来我们民族形成的积极向上向善

1　习近平：《论党的宣传思想工作》，中央文献出版社 2020 年版，第 114—115 页。

2　《习近平出席中国共产党与世界政党高层对话会并发表主旨讲话》，《人民日报》2023 年 3 月 16 日。

3　中共中央党史和文献研究院编：《习近平关于社会主义精神文明建设论述摘编》，中央文献出版社 2022 年版，第 17 页。

的思想文化充分继承和弘扬起来，使之为培育和践行社会主义核心价值观服务，为建设社会主义先进文化服务，为党和国家事业发展服务。社会主义核心价值观是当代中国精神的集中体现，是凝聚中国力量的思想道德基础。"培育和弘扬社会主义核心价值观必须立足中华优秀传统文化。牢固的核心价值观，都有其固有的根本。抛弃传统、丢掉根本，就等于割断了自己的精神命脉。"[1] 要认真提炼、挖掘诸多具有鲜明民族特色、永恒时代价值的思想理念，它们既随着时间推移和时代变迁而不断与时俱进，又有其自身的连续性和稳定性。生而为中国人，最根本的是我们有中国人的独特精神世界，有百姓日用而不觉的价值观。我们提倡的社会主义核心价值观，就充分体现了对中华优秀传统文化的传承和升华。职是之故，我们必须认真汲取中华优秀传统文化的思想精华和道德精髓，大力弘扬以爱国主义为核心的民族精神和以改革创新为核心的时代精神，深入挖掘和阐发中华优秀传统文化讲仁爱、重民本、守诚信、崇正义、尚和合、求大同的时代价值，使中华优秀传统文化成为涵养社会主义核心价值观的重要源泉。

第五，强调中华优秀传统文化是构筑中华民族共有精神家园的文化基础。文化是一个民族的魂魄，文化认同是民族团结的根脉。文化认同是最深层的认同。加强中华民族大团结，长远和根本的是增强文化认同，构筑各民族共有精神家园，积极培养中华民族共同体意识。要认识到，我们灿烂的文化是各民族共同创造的，中华文化是各民族文化的集大成。我国各民族创作了诗经、楚辞、汉赋、唐诗、宋词、元曲、明清小说等伟大作品，传承了格萨尔王、玛纳斯、江格尔等震撼人心的伟大史诗，建设了万里长城、都江堰、大运河、故宫、布达拉宫、坎儿井等伟大工程。中华文化之所以如此精彩纷呈、博大精深，就在于它兼收并蓄的包容特性。展开历史长卷，从赵武

1　习近平：《论党的宣传思想工作》，中央文献出版社2020年版，第54—55页。

灵王胡服骑射，到北魏孝文帝汉化改革；从"洛阳家家学胡乐"到"万里羌人尽汉歌"；从边疆民族习用"上衣下裳""雅歌儒服"，到中原盛行"上衣下裤"、胡衣胡帽，以及今天随处可见的舞狮、胡琴、旗袍等，展现了各民族文化的互鉴融通。各族文化交相辉映，中华文化历久弥新，这是今天我们强大文化自信的根源。中华民族精神是各族人民共同培育、继承、发展起来的，已深深融进了各族人民的血液和灵魂，成为推动中国发展进步的强大精神动力。积极引导各民族在文化上相互尊重、相互欣赏，相互学习、相互借鉴，且在各族群众中加强社会主义核心价值观教育，牢固树立正确的祖国观、民族观、文化观、历史观，对构筑各民族共有精神家园、铸牢中华民族共同体意识至关重要。正如习近平总书记指出的："要正确把握中华文化和各民族文化的关系，各民族优秀传统文化都是中华文化的组成部分，中华文化是主干，各民族文化是枝叶，根深干壮才能枝繁叶茂。"[1] 放眼未来，要"不断构筑中华民族共有精神家园。必须顺应中华民族从历史走向未来、从传统走向现代、从多元凝聚为一体的发展大趋势，深刻理解把握中华文明的突出特性，在新的历史起点上不断构筑中华民族共有精神家园，为铸牢中华民族共同体意识奠定坚实的精神和文化基础"[2]。

第六，强调加强历史文化遗产和文物保护利用。历史文化遗产不仅生动述说着过去，也深刻影响着当下和未来；不仅属于我们，也属于子孙后代。保护好、传承好历史文化遗产是对历史负责、对人民负责。党的十八大以来，党中央把历史文化遗产保护利用工作摆到更加突出的位置。习近平总书记多次就历史文化遗产保护利用工作提出要求，到地方调研时

1　《习近平在中央民族工作会议上强调　以铸牢中华民族共同体意识为主线推动新时代党的民族工作高质量发展》，《人民日报》2021 年 8 月 29 日。

2　《习近平在中共中央政治局第九次集体学习时强调　铸牢中华民族共同体意识　推进新时代党的民族工作高质量发展》，《人民日报》2023 年 10 月 29 日。

也考察了不少当地重要历史文化遗产。具体而言，对历史文化遗产和文物的保护利用，大致可包括四个方面。一是制定系统完备的历史文化遗产保护工作方案。要建立健全历史文化遗产资源资产管理制度，建设国家文物资源大数据库，加强相关领域文物资源普查、名录公布的统筹指导，强化技术支撑，引导社会参与。要把历史文化遗产保护放在第一位，同时要合理利用，使其在提供公共文化服务、满足人民精神文化生活需求方面充分发挥作用。要健全不可移动文物保护机制，把文物保护管理纳入国土空间规划编制和实施。要制定"先考古、后出让"的制度设计和配套政策，对可能存在历史文化遗存的土地，在依法完成考古调查、勘探、发掘前不得使用。要深刻吸取国内外重大文物灾害事故教训，落实主体责任，强化隐患整治，增强历史文化遗产防护能力。要加强执法督察，规范举报流程，严厉打击文物犯罪。二是注重延续城市历史文脉。城市是一个民族文化和情感记忆的载体，历史文化是城市魅力之关键。城市建设，要让居民望得见山、看得见水、记得住乡愁。"记得住乡愁"，就要保护弘扬中华优秀传统文化，延续城市历史文脉，保留中华文化基因。要保护好前人留下的文化遗产，包括文物古迹，历史文化名城、名镇、名村，历史街区、历史建筑、工业遗产，以及非物质文化遗产，不能搞"拆真古迹、建假古董"那样的蠢事。既要保护古代建筑，也要保护近代建筑；既要保护单体建筑，也要保护街巷街区、城镇格局；既要保护精品建筑，也要保护具有浓厚乡土气息的民居以及地方特色的民俗。总之，"要保护弘扬中华优秀传统文化，延续城市历史文脉，保留中华文化基因。要保护好前人留下的文化遗产……要结合自己的历史传承、区域文化、时代要求，打造自己的城市精神，对外树立形象，对内凝聚人心"[1]。三是悉心保留乡村历史文化遗

---

1 《习近平著作选读》第一卷，人民出版社 2023 年版，第 418—419 页。

产。要深入挖掘、继承、创新优秀传统乡土文化。要让有形的乡村文化留得住，充分挖掘具有农耕特质、民族特色、地域特点的物质文化遗产，加大对古镇、古村落、古建筑、民族村寨、文物古迹、农业遗迹的保护力度。要让活态的乡土文化传下去，深入挖掘民间艺术、戏曲曲艺、手工技艺、民族服饰、民俗活动等非物质文化遗产。要把保护传承和开发利用有机结合起来，把我国农耕文明优秀遗产和现代文明要素结合起来，赋予新的时代内涵，让中华优秀传统文化生生不息，让我国历史悠久的农耕文明在新时代展现其魅力和风采。四是针对国家文化公园、大遗址进行专项保护与开发。要加强古代遗址的有效保护，有重点地进行系统考古发掘，不断加深对中华文明悠久历史和宝贵价值的认识。例如，"长城凝聚了中华民族自强不息的奋斗精神和众志成城、坚韧不屈的爱国情怀，已经成为中华民族的代表性符号和中华文明的重要象征。要做好长城文化价值发掘和文物遗产传承保护工作，弘扬民族精神，为实现中华民族伟大复兴的中国梦凝聚起磅礴力量"[1]。再如，"大运河是世界上最长的人工运河，是十分宝贵的文化遗产。大运河文化是中国优秀传统文化的重要组成部分，要在保护、传承、利用上下功夫，让古老大运河焕发时代新风貌"[2]。还如，"云冈石窟是世界文化遗产，保护好云冈石窟，不仅具有中国意义，而且具有世界意义。历史文化遗产是不可再生、不可替代的宝贵资源，要始终把保护放在第一位。发展旅游要以保护为前提，不能过度商业化，让旅游成为人们感悟中华文化、增强文化自信的过程。要深入挖掘云冈石窟蕴含的各民族交往交流交融的历史内涵，增强中华

---

1 中共中央党史和文献研究院编：《习近平关于社会主义精神文明建设论述摘编》，中央文献出版社 2022 年版，第 229 页。

2 《习近平在浙江考察时强调 始终干在实处走在前列勇立潮头 奋力谱写中国式现代化浙江新篇章》，《人民日报》2023 年 9 月 26 日。

民族共同体意识"[1]。

第七，强调加强对中华文明的研究阐释和历史教育。中华文明源远流长、博大精深，是中华民族独特的精神标识，是当代中国文化的根基，是维系全世界华人的精神纽带，也是中国文化创新的宝藏。在漫长的历史进程中，中华民族以自强不息的决心和意志，筚路蓝缕，跋山涉水，走过了不同于世界其他文明体的发展历程。西方很多人习惯于把中国看作西方现代化理论视野中的近现代民族国家，没有从 5000 多年文明史的角度来看中国，这样就难以真正理解中国的过去、现在、未来。我们强调文明特别是思想文化是一个国家、一个民族的灵魂。无论哪一个国家、哪一个民族，如果不珍惜自己的思想文化，丢掉了思想文化这个灵魂，这个国家、这个民族是立不起来的。因此，对绵延 5000 多年的中华文明，我们应该多一分尊重，多一分思考。对古代的成功经验，我们要本着择其善者而从之、其不善者而去之的科学态度，牢记历史经验、牢记历史教训、牢记历史警示。我们推进国家治理体系和治理能力现代化，当然要学习和借鉴人类文明的一切优秀成果，但不是照搬其他国家的政治理念和制度模式，而是要从我国的现实条件出发来创造性前进。

与此同时，在实现中国式现代化的过程中，我们更要侧重对中华文明宝贵资源的汲取和更新。首先要把中华文明起源研究同中华文明特质和形态等重大问题研究紧密结合起来，深入研究阐释中华文明起源所昭示的中华民族共同体发展路向和中华民族多元一体演进格局，研究阐释中华文明讲仁爱、重民本、守诚信、崇正义、尚和合、求大同的

---

1 《习近平在山西考察时强调　全面建成小康社会　乘势而上书写新时代中国特色社会主义新篇章》，《人民日报》2020 年 5 月 13 日。

精神特质和发展形态，阐明中国道路的深厚文化底蕴。对中华传统文化，要坚持古为今用、推陈出新，继承和弘扬其中的优秀成分。其次须始终认清"中国特色社会主义道路是在马克思主义指导下走出来的，也是从五千多年中华文明史中走出来的；'第二个结合'让中国特色社会主义道路有了更加宏阔深远的历史纵深，拓展了中国特色社会主义道路的文化根基。中国式现代化是强国建设、民族复兴的康庄大道。中国式现代化赋予中华文明以现代力量，中华文明赋予中国式现代化以深厚底蕴"[1]。

第八，强调积极学习借鉴人类文明的优秀成果。中华文明是在中国大地上产生的文明，也是同其他文明不断交流互鉴而形成的文明。中华文明是在同其他文明不断交流互鉴中形成的开放体系。从历史上的佛教东传、"伊儒会通"，到近代以来的"西学东渐"、新文化运动、马克思主义和社会主义思想传入中国，再到改革开放以来全方位对外开放，中华文明始终在兼收并蓄中历久弥新。"亲仁善邻、协和万邦是中华文明一贯的处世之道，惠民利民、安民富民是中华文明鲜明的价值导向，革故鼎新、与时俱进是中华文明永恒的精神气质，道法自然、天人合一是中华文明内在的生存理念。"[2]基于此，首先，我们必须承认和尊重本国本民族的文明成果，但这不是要搞自我封闭，更不是要搞唯我独尊、"只此一家，别无分店"。各国各民族都应该虚心学习、积极借鉴别国别民族思想文化的长处和精华，这是增强本国本民族思想文化自尊、自信、自立的重要条件。中华文明绵延传承至今，在包容并蓄中不断衍生发展。通过古丝绸之路的交流，

1　习近平：《在文化传承发展座谈会上的讲话》，人民出版社 2023 年版，第7 页。

2　习近平：《论党的宣传思想工作》，中央文献出版社 2020 年版，第 403—404 页。

古希腊文明、古罗马文明、地中海文明以及佛教、伊斯兰教、基督教都相继进入中国，与中华文明融合共生。只要秉持包容精神，就不存在什么"文明冲突"。其次，文明交流互鉴，关键是人的交流互鉴。"加强国际人才交流合作，有利于我们积极借鉴世界各国优秀文明成果，也有助于推动中华文明创造性转化和创新性发展。更重要的是，这种交流有利于推动不同文明相互尊重，推动世界各国人民相互理解。"[1]再次，要向全世界讲好中国历史故事。要运用我国考古成果和历史研究成果，通过对外宣传、交流研讨等方式，向国际社会展示博大精深的中华文明，讲清楚中华文明的灿烂成就和对人类文明的重大贡献。我们要立足中国大地，讲好中华文明故事，向世界展现可信、可爱、可敬的中国形象。让世界了解中国历史、了解中华民族精神，促使世界读懂中国、读懂中国人民、读懂中国共产党、读懂中华民族，从而不断加深对当今中国的认知和理解，营造良好国际舆论氛围。最后，要坚持弘扬平等、互鉴、对话、包容的文明观，以宽广胸怀理解不同文明对价值内涵的认识，尊重不同国家人民对自身发展道路的探索，以文明交流超越文明隔阂，以文明互鉴超越文明冲突，以文明共存超越文明优越，弘扬中华文明蕴含的全人类共同价值。

三、"传统血脉"所续：中华优秀传统文化传承与发展的三点启示

当代中国是历史中国的延续和发展，当代文化是传统文化的传承和

1　《习近平在同外国专家座谈时强调　中国要永远做一个学习大国》，《人民日报》2014 年 5 月 24 日。

发展，当代现代化的开展是基于中华文明这一根脉上的实践形态。基于当前中国共产党传承与发展中华优秀传统文化的伟大实践，有三点启示值得总结。

首先，对待中华优秀传统文化的态度，须正心诚意。近代以降，由于亡国灭种的危机，加之中西文化之强烈对比，国人对自身文化传统的态度发生了十分微妙甚或相当纠结的变化。随着时移世易，我们愈来愈意识到，中华文化源远流长，积淀着中华民族最深层的精神追求，代表着中华民族独特的精神标识，为中华民族生生不息、发展壮大提供了丰厚滋养。故而我们必须以正心诚意的态度审视与看待自身传统，切不可急功近利，将本国的文化传统拆解得七零八落，更不能一味跟在西方后面亦步亦趋，丧失文化主体性。

其次，赓续历史文脉之路径，是返本开新。不忘本来才能开辟未来，善于继承才能更好创新。对历史文化特别是先人传承下来的价值理念和道德规范，要坚持古为今用、推陈出新，有鉴别地加以对待，有扬弃地予以继承。实现中华优秀传统文化的创造性转化、创新性发展，关键路径是先进入传统，清理家底，精细盘点，搞清楚 5000 多年中华文明的宝库中，有哪些资源是值得我们后人挖掘与活化的，如此才能实现由"照着讲"到"接着讲"的飞跃。

最后，传承与发展中华优秀传统文化的目标，当为旧邦新命。"中国式现代化是中华民族的旧邦新命，必将推动中华文明重焕荣光。"[1] 这意味着中华文明在新的历史时期必须完成的自我更新，与中国未来一定要实现的现代化转型，是双向互动的同一过程，双方要在彼此赋能和反哺中达致各自

---

[1]　习近平：《在文化传承发展座谈会上的讲话》，人民出版社 2023 年版，第 7 页。

的宏远目标。将波澜壮阔的中国式现代化进程与中国国情、历史文化传统紧密结合，中国式现代化赋予中华文明以现代力量，中华文明赋予中国式现代化以深厚底蕴，才能使彼此在同一历史创造中相互成就，臻于完善。

第六章

文明演进、文化自觉与道路抉择

——于发轫处考察"马克思主义基本原理同中华优秀传统文化相结合"

2021 年 7 月 1 日，习近平总书记在庆祝中国共产党成立 100 周年大会上发表重要讲话，首次提出"坚持把马克思主义基本原理同中国具体实际相结合、同中华优秀传统文化相结合，用马克思主义观察时代、把握时代、引领时代，继续发展当代中国马克思主义、21 世纪马克思主义"[1]。同年 11 月，党的十九届六中全会通过《中共中央关于党的百年奋斗重大成就和历史经验的决议》，党中央在总结"坚持理论创新"的历史经验时，把"两个结合"的重大论断写进其中，强调"党之所以能够领导人民在一次次求索、一次次挫折、一次次开拓中完成中国其他各种政治力量不可能完成的艰巨任务，根本在于坚持解放思想、实事求是、与时俱进、求真务实，坚持把马克思主义基本原理同中国具体实际相结合、同中华优秀传统文化相结合……"[2] 毫无疑问，"两个结合"是中国共产党对自身理论创新与实践成就的最新总结与提炼，尤其"第二个结合"的提出，是我们党推进马克思主义中国化不断深入实践的重大理论结晶。此理论命题，既是

---

[1]　习近平：《在庆祝中国共产党成立 100 周年大会上的讲话》，《人民日报》2021 年 7 月 2 日。

[2]　本书编写组编著：《〈中共中央关于党的百年奋斗重大成就和历史经验的决议〉辅导读本》，人民出版社 2021 年版，第 75 页。

习近平新时代中国特色社会主义思想的原创性贡献，也是新征程中继续发展当代中国马克思主义、21世纪马克思主义的原则要求和必须深加研讨的重大课题。

一、在历史过程中把握"第二个结合"

自2021年"七一讲话"后，有关"马克思主义基本原理同中华优秀传统文化相结合"的学术理论文章可谓佳作纷呈，蔚为大观。悉心研读诸多文章，不难发现绝大多数讨论的重点在于中国共产党探索"马克思主义基本原理同中华优秀传统文化相结合"的基本历程与经验、马克思主义基本原理与中华优秀传统文化之所以能够结合的必然性、十八大以来党中央在推进"第二个结合"方面取得的重大成就、未来继续深化"第二个结合"的方法路径与重大意义等方面。成果堪称丰硕，然似仍有值得措意与补充之处。

第一，研究视域过于聚焦，反而容易失焦。如上所言，当前研究重点，倘再加概括，无非关涉"第二个结合"的可能性、必然性与创新性三个领域。这种聚焦式的研究非常重要，但不免存在化繁为简、倒果为因的推导与归纳倾向，会导致某些问题被放大，某些问题被忽略。诚如何中华先生所指出的，"马克思主义中国化的实践，早就走在了理论认知和诠释的前面"，"我们所面临的已不再是'是否可能'的问题，而仅仅是'如何可能'的问题，因为实践和历史事实早已回答了前一个问题，后一个问题则有待于我们从理论上作出诠释、给出理由"。[1] 换言之，马克思主义中

---

[1] 何中华：《马克思与孔夫子：一个历史的相遇》，中国人民大学出版社2021年版，第3页。

国化的百年伟大实践，不容置疑地证明了"第二个结合"已然发生，且仍在持续展开之中。这需要我们以更为宽阔的视野，潜心进入历史纵深处，回到"第二个结合"的宏大时代背景与发轫基点，去梳理百年来的发展脉络，看清其演进历程。

第二，历史结论自然重要，结合过程亦极为关键。习近平总书记曾强调："马克思主义传入中国后，科学社会主义的主张受到中国人民热烈欢迎，并最终扎根中国大地、开花结果，决不是偶然的，而是同我国传承了几千年的优秀历史文化和广大人民日用而不觉的价值观念融通的。"[1] 这里的"融通"，意蕴非常丰富。除却强调马克思主义与中国历史文化有着内在的某种同构性与契合处，可以实现融汇与会通外，也提示了二者之间的结合并非无条件的、水到渠成的。众所周知，马克思主义主要由哲学、政治经济学、科学社会主义三大部分构成。这三大部分分别来源于德国古典哲学、英国古典政治经济学、法国空想社会主义。然而，最终升华为马克思主义的根本原因，是马克思对所处的时代和世界的深入考察，是马克思对人类社会发展规律的深刻把握。"马克思的思想理论源于那个时代又超越了那个时代，既是那个时代精神的精华又是整个人类精神的精华"[2]，具有强烈的时代感与内在的现代性。与之不同，中华文化是农耕文明的产物，"我国农耕文明源远流长、博大精深，是中华优秀传统文化的根"[3]。肇因于此，"中华优秀传统文化与社会主义市场经济、民主政治、先进文化、社会治理等还存在需要协调适

1　《习近平谈治国理政》第三卷，外文出版社 2020 年版，第 120 页。

2　习近平：《论党的宣传思想工作》，中央文献出版社 2020 年版，第 321 页。

3　《习近平在中共中央政治局第八次集体学习时强调　把乡村振兴战略作为新时代"三农"工作总抓手　促进农业全面升级农村全面进步农民全面发展》，《人民日报》2018 年 9 月 23 日。

应的地方"[1]。故二者"相融通"的过程，实际上属于一种"有选择性的亲和"，并非一一对应的机械复制粘贴，亦非此消彼长的互相竞争替代，而是在百年交融中的彼此"互化"、深相结合。既然这种"融通"是客观存在、延续不辍的，那么在不同的历史阶段，就需要一代代中国共产党人去发现结合点甚至去"发明"结合点，其中难免存在误读、牵强或者争议。换言之，中国共产党人是在百年的反复试错验证中，实现了难能可贵的"融通"与"第二个结合"。申言之，之所以界定是"马克思主义基本原理"同"中华优秀传统文化"相结合，意在明确结合主体的范畴。马克思主义基本原理是马克思主义科学体系中的基本理论、核心观点、重点概念；中华优秀传统文化是中华民族在长期的历史发展过程中形成的文化根脉，其所蕴含的思想观念、人文精神、道德规范，是中国人思想和精神的内核——二者显而易见是既有区别又有必然联系的两个范畴。从新民主主义时期毛泽东同志提出"深相结合"，到新时代习近平总书记强调"有机结合"[2]，"第二个结合"

1　中共中央宣传部编：《习近平总书记系列重要讲话读本》，学习出版社、人民出版社 2014 年版，第 101 页。

2　1943 年 5 月，中共中央在《关于共产国际执委主席团提议解散共产国际的决定》中指出："要使得马克思列宁主义这一革命科学更进一步地和中国革命实践、中国历史、中国文化深相结合起来"。决定强调："中国共产党人是我们民族一切文化、思想、道德的最优秀传统的继承者，把这一切优秀传统看成和自己血肉相连的东西，而且将继续加以发扬光大。"2021 年 3 月 22 日，在福建武夷山考察朱熹园时，习近平总书记指出："要推动中华优秀传统文化创造性转化、创新性发展，以时代精神激活中华优秀传统文化的生命力。要把坚持马克思主义同弘扬中华优秀传统文化有机结合起来，坚定不移走中国特色社会主义道路。"（《习近平在福建考察时强调　在服务和融入新发展格局上展现更大作为　奋力谱写全面建设社会主义现代化国家福建篇章》，《人民日报》2021 年 3 月 26 日。）从"深相结合"到"有机结合"，体现了马克思主义中国化进程不断走向深入，趋于成熟，其间所蕴含的彼此继承、发展与突破的意义，值得深入探讨。

的利弊得失与经验启示，只能在具体真实的过程中去探寻与汲取。

第三，唯有跳出结合本身，方可悟透结合价值。毋需讳言，中国共产党正处在"马克思主义基本原理同中华优秀传统文化相结合"的进程中，我们既是结合的实践者，又是结合的提炼者，此状态仿佛置身于庐山之中，现在使用的很多话语、概念乃至理论，都是百年来相结合的产物，如缺乏足够清醒的理论自觉，便容易流于自说自话的"圈层"之中，会自觉不自觉地遮蔽很多殊为重要的问题和环节。倘若不跳出庐山来四面看山，实难窥清"第二个结合"之三昧所在，毕竟后见之明的得出，也伴随着后见之暗的出现。早在 2019 年 4 月 19 日十九届中央政治局第十四次集体学习时，习近平总书记就强调，"把五四运动放到中华民族 5000 多年文明史、中国人民近代以来 170 多年斗争史、中国共产党 90 多年奋斗史中来认识和把握。要从历史逻辑、实践逻辑、理论逻辑相结合的高度，从五四运动以来中国的政治史、思想史、文化史、社会史等各领域开展研究，总结历史规律，揭示历史趋势，讲清楚为什么五四运动对当代中国发展进步具有如此重大而深远的影响，讲清楚为什么马克思主义能够成为中国革命、建设、改革事业的指导思想，讲清楚为什么中国共产党能够担负起领导人民实现民族独立、人民解放和国家富强、人民幸福的历史重任，讲清楚为什么社会主义能够在中国落地生根并不断完善发展"[1]。这一重要论断极具启示意义，意味着考察"马克思主义基本原理同中华优秀传统文化相结合"的历程时，应将其发轫之处放在波澜壮阔的五四运动前后，如此才能在中西文明比较与中华文化返本开新的双重宏远视野中更深刻地把握"第二个结合"的深邃价值。

综上所述，"马克思主义基本原理同中华优秀传统文化相结合"不仅

---

[1]《习近平在中共中央政治局第十四次集体学习时强调　加强对五四运动和五四精神的研究　激励广大青年为民族复兴不懈奋斗》，《人民日报》2019 年 4 月 21 日。

是一项现实工作，更是一个历史过程；不仅是一个理论议题，更是一个实践问题。理论与实践皆是要面向未来的，"第二个结合"如此关键的命题最忌如春雪落地，转瞬即逝，徒留下口号式的解读。故进入历史纵深处，在五四运动的历史基点与文化浪潮中观照"马克思主义基本原理同中华优秀传统文化相结合"之发端，其意义自不待言。[1]

二、文明演进中的"新议题"

五四运动的一大时代背景，即第一次世界大战的开启与战后的列国和谈。从人类文明演进的角度而言，一战无疑是中西文明重新审视对方进而反省自身的分水岭。

一战对于欧洲的影响，用创痛甚剧来形容似毫不过分。按照英国著名马克思主义史学家霍布斯鲍姆的解释，一战是无穷无尽的矛盾叠加后之恶果，"这个时代的基本模式，是资产阶级自由主义的社会和世界，逐渐朝其'离奇死亡'迈进。它在到达最高点的时刻死去，成为所有矛盾的最大牺牲者，而这些矛盾都是因其前进而产生的"[2]。而这一系列矛盾所引发的战争，最终形成了一股飓风，严重撼动了欧洲资本主义列强以往凭借政治、经济、军事以及文化霸权横行世界的秩序。"自 1914 年 8 月起，我们

1　本章不再对彼时的各家主张及思想论战进行逐一梳理与评骘，只期以五四前后有关中西文化讨论为镜鉴，厘清五四前后为"第二个结合"提供了怎样丰富斑驳的思想资源、学术铺垫与展开支点。笔者认为此考察并不会影响中国共产党在"第二个结合"中的主体性角色。实际上，"马克思主义基本原理同中华优秀传统文化相结合"的开端正是对既往讨论的延续与跃迁。

2　［英］艾瑞克·霍布斯鲍姆：《帝国的年代（1875—1914）》，贾士蘅译，中信出版社 2014 年版，第 11 页。

便生活在怪异的战争、骚乱和爆炸的世界，即尼采预先宣告过的世界。于是，对于 1914 年前那个时代的记忆，总是笼罩着一层眷恋薄幕，总在模糊之中将它视为一个充满秩序、和平的黄金时代……必然是要了解和说明：和平的时代，充满自信的资产阶级文明、财富日渐增长时代，以及西方帝国的时代，如何在其体内孕育了战争、革命和危机时代的胚胎。这个胚胎终将使它毁灭。"[1]

秩序的崩塌，遂致使"19 世纪崇高伟大的文明大厦，也从此在战火中灰飞烟灭"[2]，也深深冲击了西方世界长期以来笃信不疑的"西方中心论"。恰如美国思想史学者斯特龙伯格所言："长达四年之久的大规模杀戮导致俄国的赤色革命、意大利和德国的黑色革命，欧洲各地普遍失去了信心。这场战争最终给战胜国造成的心理打击几乎不亚于战败国。战争期间，宣传机器甚嚣尘上，真理遭受了前所未有的劫难。由于战争的缘故，一种新的犬儒主义应运而生，对人类价值的信仰荡然无存，这种情况是欧洲近代历史上从未有过的。"[3]"历史不再站在我们这一边？"带着如此浓重的彷徨与迷惑，一场理性危机在欧洲风行。德国中学教师斯宾格勒颇具悲观色彩的著作《西方的没落》因明确反对"西方中心论"，"不承认古典文化或西方文化比印度文化、巴比伦文化、中国文化、埃及文化、阿拉伯文化、墨西哥文化等占有任何优越地位"[4]而一时间洛阳纸贵、反响甚炽。

1　［英］艾瑞克·霍布斯鲍姆：《帝国的年代（1875—1914）》，贾士蘅译，中信出版社 2014 年版，第 366 页。

2　［英］艾瑞克·霍布斯鲍姆：《极端的年代（1914—1991）》，郑明萱译，中信出版社 2014 年版，第 26 页。

3　［美］罗兰·斯特龙伯格：《西方现代思想史》，刘北成、赵国新译，中央编译出版社 2005 年版，第 427 页。

4　［德］奥斯瓦尔德·斯宾格勒：《西方的没落》，齐世荣、田农等译，商务印书馆 2001 年版，第 34 页。

仔细研读《西方的没落》，不难发现斯宾格勒的很多立论并不严谨，甚至过于主观或失之于偏狭。但其很具勇气地提出世界文明多元发展的观点，的确惊醒了不少西方学者，促使他们从往昔唯我独大的迷梦中挣脱出来，将目光更多地投向遥远的东方，希冀从古老的中华文明觅得良方。五四前后，杜威、罗素、孟禄、杜里舒等国外名家来华讲学，其中不免隐含零距离考察中华文明之本意。是故，有学者认为："大战之后，欧洲人对他们自己和他们的文明有了另外的一种看法"[1]，西方文化不再是至高无上了。

如果说彼时的欧洲是于歧路中寻坦途，那么此际的中国则是在迷途里觅出路。近代以降，西学东渐成为华夏之时代主题。东西遭遇的场面并不温情，"（西方文化）如潮涌至，奔腾澎湃，声势慑人；而且是在短短五十年之内涌到的"[2]，中华文明因之蒙尘染垢，也因之不得不实现浴火涅槃。梁启超先生曾对国人吸收西学之历程做过很形象的概括：

> 近五十年来，中国人渐渐知道自己的不足了。这点子觉悟，一面算是学问进步的原因，一面也算是学问进步的结果。第一期，先从器物上感觉不足。这种感觉，从鸦片战争后渐渐发动……第二期，是从制度上感觉不足。自从和日本打了一个败仗下来，国内有心人真像睡梦中着了一个霹雳。因想道堂堂中国为什么衰败到这田地，都为的是政制不良，所以拿"变法维新"做一面大旗，在社会上开始运动。……第三期，便是从文化根本上感觉不足……革命成功将近十年，所希望的件件都落空，渐渐有点废然思返，觉得社会文化是整套的。

1　［美］马文·佩里主编：《西方文明史》下卷，胡万里等译，商务印书馆1993年版，第454—455页。

2　蒋梦麟：《西潮·新潮：蒋梦麟回忆录》，新星出版社2016年版，第211页。

要拿旧心理运用新制度，决计不可能，渐渐要求全人格的觉悟。恰值欧洲大战告终，全世界思潮都添许多活气。新近回国的留学生又很出了几位人物，鼓起勇气做全部解放的运动。所以最近两三年间，算是划出一个新时期来了。[1]

梁氏之观察，虽不免失之于单一线性思维，但大体也勾勒出近代中国西学东渐的一层实相：愈来愈多国人对西方文明崇拜有加，奉若神明，不惜囫囵吞枣、一味趋新。与此同时，中华文明于近代的开新，尚还存在另一层实相："以复古为解放"。此命题的提出者依旧是梁启超。他认为，"综观二百余年之学史，其影响及于全思想界者，一言以蔽之，曰'以复古为解放'"。最终清代学术也在一再上溯复古中走向衰落，但梁氏指出此"乃势之必然，亦事之有益者也。无所容其痛惜留恋。惟能将此研究精神转用于他方向，则清学亡而不亡也矣"[2]。追步西方，超越传统，从而实现中华文明的故物光复，这便是一战之前、五四未萌之际，国人文化探索与重建的基调。

不过政局之剧变势必引发中西思潮的时移世易。1913年，报人杜亚泉已隐约窥见欧洲人"上帝死了"之哀叹，有意提醒国人"今日欧美社会文明病之流行"[3]。三载后，杜氏又鉴于一战之酷烈，刊发文章倡议"吾人对于向所羡慕之西洋文明，已不胜其怀疑之意见，而吾国人之效法西洋文明者，亦不能于道德上或功业上表示其信用于吾人。则吾人今后不可不变

---

1 梁启超：《五十年中国进化概论》，《饮冰室文集之三十九》，《饮冰室合集》第五册，中华书局1989年版，第43—45页。

2 梁启超：《清代学术概论》，《饮冰室专集之三十四》，《饮冰室合集》第八册，中华书局1989年版，第6页。

3 许纪霖、田建业编：《杜亚泉文存》，上海教育出版社2003年版，第289页。

其盲从之心态，而一审其文明之真价值之所在"[1]。

由盲信到质疑，从仿效到重估，国人意欲超越西方，"对西方求解放"的文化反省与自觉已呼之欲出。[2]此际，欧美的不少学者也对古老的中华文明翘首以待。

不同的问题意识，相同的文明渴求，一时间"环球同此凉热"，中西文明对话在一战与五四这个历史交汇点上展开，西方文化与中华文化如何进行新的结合，也摆在了众多中西贤哲面前。

三、中国思想界的"三岔口"

1919 年 12 月 1 日，胡适在《新青年》第七卷第一号上刊发了题为《新思潮的意义》一文，开宗明义借用尼采"重新估定一切价值"的说法，主张"新思潮的精神是一种评判的态度"，"手段是研究问题和输入学理"，"对于旧文化的态度，在消极一方面是反对盲从，是反对调和；在积极一方面，是用科学的方法来做整理的工夫"，唯一目的"是再造文明"。[3]这篇意有所指的雄文颇具标志性意义，展现了新文化人一种文化自觉。当然，正是借助欧战前后西方物质文明遭遇困厄的契机，通过镜鉴国外哲人对现代性思潮之反省，面对如何处理古今中西文化关系问题，中国思想界出现

---

[1]　伧父（杜亚泉）：《静的文明与动的文明》，《东方杂志》第 13 卷第 10 号，1916 年 10 月。

[2]　就此问题，郑师渠先生已有专论，见《欧战后国人的"对西方求解放"》，《近代知识阶级新论》，人民出版社 2018 年版，第 45—92 页。

[3]　胡适：《新思潮的意义》，《胡适全集》第 1 卷，安徽教育出版社 2003 年版，第 699 页。

了空前裂变，遭遇了观时待变的三岔口。

胡适之所以在文中强调"反对调和"，正因此时该论调很是盛行。[1]1918年前后，章士钊在反思欧战的基础上，发表系列讲演，论证其"旧为新基、新旧杂糅"的看法。其观点大致有三。首先，他不认为应把新的时代看作与旧的时代"绝不相谋"的"崭新时期"。毕竟时代之变化总是"有历史的"而非"无历史的"，历史的变动只能是"世世相承，连绵不绝"，如同电影一样"动动相续"的"一出整剧"，故人为划分时代不过是权宜之计。其次，既然新旧不可分，那么新旧亦不可判然有别。这种自旧趋新的过程，"乃是移行的而非超越的"，"既曰移行，则今日占新面一分，蜕旧面亦占一分"。换言之，新旧交替的状态就是"新旧杂糅"，也就是"调和"，此"社会进化至精之义也"。再次，章氏之所以主张调和，乃鉴于欧战之教训，"总之欧洲之所应为，一面开新，必当一面复旧。物质上开新之局，或急于复旧；而道德上复旧之必要，必甚于开新"。总而言之，"凡欲前进，必先自立根基。旧者，根基也。不有旧，决不有新，不善于保旧，决不能迎新；不迎新之弊，止于不进化，不善保旧之弊，则几于自杀"。[2]揆诸章氏言论，虽不免以折中公允之态行守旧复古之意，然确以较高的哲学思考点出了彼时新文化人之不足：立论往往忽视文化发展的历史延续性。

章士钊这一投石问路，激起了思想界极大反响，也促使尚未完全转向马克思主义的李大钊、陈独秀等人进行更为深入的思考。李大钊运用马克思唯物史观，指出"人类社会一切精神的构造都是表层构造，只有物质的经济的构造是这些表层构造的基础构造"，"物质既常有变动，精神的构造

---

1 关于"文化调和论"的来龙去脉，参见丁伟志：《重评"文化调和论"》，《历史研究》1989 年第 4 期。

2 章士钊：《发端》，《甲寅日刊》创刊号，1917 年 1 月 28 日。

也就随着变动。所以思想、主义、哲学、宗教、道德、法制等等不能限制经济变化、物质变化，而物质和经济可以决定思想、主义、哲学、宗教、道德、法制等等"。[1] 推而言之，"宇宙进化的大路，只是一个健行不息的长流，只有前进，没有反顾；只有开新，没有复旧；有时旧的毁灭，新的再兴。这只是重生，只是再造"。考察一战爆发之缘由，"是从前遗留下的一些不能适应现在新生活、新社会的旧物的总崩颓"。[2] 总之，比较新旧中西文化的立足点，当从经济上寻找原因，"经济的变动，是思想变动的重要原因"[3]。与李大钊片面强调经济因素的决定作用不同，陈独秀的思想有了较大变动。在 1920 年《新青年》第七卷第二号上，陈独秀特意撰写《自杀论》一文，深刻反思欧洲 19 世纪理想主义思潮，坦言"这种新思潮，从他扫荡古代思潮底虚伪、空洞、迷妄的功用上看起来，自然不可轻视了他；但是要晓得他的缺点，会造成青年对于世界人生发动无价值无兴趣的感想。这种感想自然会造成空虚、黑暗、怀疑、悲观、厌世，极危险的人生观。这种人生观也能够杀人呵！"[4] 较之胡适的"重新估定一切价值"、章士钊的"旧为新基、新旧杂糅"论，陈独秀基于一战欧洲文明危机的反省更为深刻，与李大钊一样，其思想在 1920 年之际处于酝酿变迁、跃入更深层次文化自觉的临界点。

　　而就在此时，旅欧归来的梁启超所撰《欧游心影录》及后起之秀梁漱

　　1　李大钊：《物质变动与道德变动》，《李大钊全集》第三卷，人民出版社 2013 年版，第 134 页。

　　2　李大钊：《物质变动与道德变动》，《李大钊全集》第三卷，人民出版社 2013 年版，第 146 页。

　　3　李大钊：《由经济上解释中国近代思想变动的原因》，《李大钊全集》第三卷，人民出版社 2013 年版，第 185 页。

　　4　陈独秀：《自杀论》，《陈独秀文集》第一卷，人民出版社 2013 年版，第 540 页。

溟的讲演录《东西文化及其哲学》将有关现代性的反省、中华文明出路何在等问题引向了高潮。

于《欧游心影录》中，梁启超结合所见所闻所思所感，认为"欧洲人做了一场科学万能的大梦。到如今却叫起科学破产来。这便是最近思潮变迁一个大关键了"[1]。既然欧洲文明已遭破产，如何涅槃重生，药方何在？梁启超指出，其实"众里寻他千百度，蓦然回首"，良剂却在"灯火阑珊处"，即中国的"孔、老、墨三位大圣"。于是，他在文末呼吁："我们人数居全世界人口四分之一，我们对于人类全体的幸福，该负四分之一的责任。不尽这责任，就是对不起祖宗，对不起同时的人类，其实是对不起自己。"[2]梁启超此番言论，折射出其积极反思现代性之文化自觉。正基于这种亲身观感，他主张须重新审视自晚清以来不断推崇的所谓"西方"。其一，强调"重新估定一切价值"，胡适所秉持的"评判的态度"也应适用于对待西方文化。其二，反对"科学万能"论，强调科学与人文必须并重，亦即"前数十年是赛先生专权的时代，现在是赛先生和费先生共和的时代"[3]。其三，切勿一味追慕西方，而应主动提高自身文化力。胡适曾评价《欧游心影录》，称它如同放了一把"野火"，使得西方文明的权威在许多人心目中发生了动摇。

继之而起，梁漱溟的《东西文化及其哲学》更是彰显出东方文化的魅力，这恰与西方文明弊端的暴露相对应。当然，该观点也是反思新文化运动的产物。新文化运动倡导西学，批判中学，本无可厚非，然倘一味采用

1　梁启超：《欧游心影录节录》，《饮冰室专集之二十三》，《饮冰室合集》第七册，中华书局1989年版，第12页。

2　梁启超：《欧游心影录节录》，《饮冰室专集之二十三》，《饮冰室合集》第七册，中华书局1989年版，第35—38页。

3　梁启超：《读〈新青年〉杂志第六卷一号杂评》，《学灯》1919年3月15日。

简单化的视角与态度，不免失之于偏。此问题在欧战后反省现代性的映照下便愈加明显。况且，梁漱溟等人高扬传统文化大旗的深层次目的，恐怕还是希望借复兴民族文化来实现中华复兴。梁漱溟在谈到自己决心要写《东西文化及其哲学》这本书的动因时，坦言当时对于中西文化问题"正是要下解决的时候，非有此种解决，中国民族不会打出一条活路来！"[1] 这可视为中华民族觉醒的一种体现。

一言以蔽之，以梁启超、梁漱溟为首的知识群体的文化立场可用中西调和、复兴中华文化来概括。诸位学者借助西方的科学方法，整理研究本国固有文化，在得其精华的基础上再与西方文化碰撞融汇，以期创造出民族新文化，为世界文化尽一分绵力。不过他们未能深窥中华文化之精髓，简单地把中华文明归结为儒学传统，导致片面强调了文化的承继性却忽略了文化的时代性。

与此同时，之前思想界在镜鉴欧洲文明困厄中潜滋暗长的一种新动向已呼之欲出。这便是以陈独秀、李大钊为首的部分新文化旗手对现代性的反思。1915 年 9 月 15 日，《新青年》创刊。陈独秀在创刊号的开篇大作《敬告青年》中，正是借重了尼采和柏格森诸人的思想，以激励青年。例如，在"实利的而非虚文的"标题下，他写道："当代大哲，若德意志之倭根，若法兰西之柏格森，虽不以现时物质文明为美备，咸揭橥生活问题，为立言之的。生活神圣，正以此次战争，血染其鲜明之旗帜。欧人空想虚文之梦，势将觉悟无遗。"[2] 李大钊于 1916 年 8 月发表《介绍哲人尼杰》，更进一步强调反省现代性思潮对中国青年的意义。他指出，以尼采等为代表的哲人"以意志与创造为中心要素，以立主我思想之基础，极力攻击十九稘凡

1　梁漱溟：《东西文化及其哲学》，商务印书馆 1987 年版，第 6—7 页。

2　陈独秀：《敬告青年》，《独秀文存》，安徽人民出版社 1987 年版，第 8 页。

俗主义、物质主义之文明"，"而欲导现代文明于新理想主义之域。其说颇能起衰振敝，而于吾最拘形式，重因袭，囚锢于奴隶道德之国，尤足以鼓舞青年之精神，奋发国民之勇气"。[1] 可知，从新文化运动一开始，陈独秀、李大钊等人便与反省现代性思潮结下了不解之缘。不过随着认识之深入，特别是俄国十月革命的爆发，他们最终选择了马克思主义。从反思现代性到服膺马克思主义，中共早期领导人的思想内在演进脉络，确是以往研究较少措意之处。[2]

作为中国最早的一批马克思主义者，陈独秀、李大钊等人先期皆经历了反省现代性思潮的洗礼，这绝非偶然。迈过了1918年中国思想界的三岔口，他们才真正明白中国到底需要何种主义。事实表明，一战结束与五四前后的新旧中西文化问题大讨论，正构成了他们转向服膺马克思主义重要的思想中介。恰如蒋梦麟回忆所述："'五四'之起因，实为第一次世界大战后，欧洲帝国主义之崩溃，以及日本帝国主义的猖狂。所以毕竟还是与西潮有关"，"大体而论，知识分子大都循着西方民主途径前进，但是其中也有一部分人受到1917年俄国革命的鼓励而向往马克思主义"。[3] 中国的思想界由之发生裂变：从新文化运动一枝独秀，演变为马克思主义、自由主义及东方文化派三足鼎立的格局，学术主张上也渐趋多元并进的态势。这是历史演进的自身逻辑，亦是学术发展的内在理路。

在《东西文化及其哲学》中，梁漱溟认为，近代中国学习西方之处处

1　李大钊：《介绍哲人尼杰》，《李大钊全集》第一卷，人民出版社2013年版，第343—344页。

2　相关成果参见郑师渠：《欧战前后：国人的现代性反省》，北京师范大学出版社2013年版。

3　蒋梦麟：《西潮·新潮：蒋梦麟回忆录》，新星出版社2016年版，第110、112页。

事事失败，原因在于西方化本来就是"整个的东西"，枝节零碎搬来，是与中国既有文化无法相容的。于是他认定，在未来的世界文化趋势中，中国的正确态度是：

　　　　第一，要排斥印度的态度，丝毫不能容留；

　　　　第二，对于西方文化是全盘承受，而根本改过，就是对其态度要改一改；

　　　　第三，批评的把中国原来态度重新拿出来。[1]

　　所谓"重新拿出来"，即无论中西文化，都走"中国的路、孔家的路"。这种保守主义的文化路向论调暂置不议，但其揭示的时代课题极有启示：随着讨论的深入、主张的歧异，如何在科学把握中国国情的前提下，选择正确的理论、主义或学说与中国的实际、文化相结合，来指引未来中国的发展道路，已是箭在弦上，刻不容缓。

四、理论探索的"新纪元"

　　1919 年元旦，李大钊激情澎湃地为《每周评论》第 3 号撰写了一篇名为《新纪元》的文章，指出："一九一四年以来世界大战的血、一九一七年俄国革命的血、一九一八年德、奥革命的血，好比作一场大洪水——诺阿以后最大的洪水——洗来洗去，洗出一个新纪元来。这个新纪元带来新生活、新文明、新世界，和一九一四年以前的生活、文明、世界，大不相同，仿佛隔几世纪一样"，自此，"生产制度起一种绝大的变动，劳工阶级要联合他们全世界的同胞，作一个合理的生产者的结合，去

1　梁漱溟：《东西文化及其哲学》，商务印书馆 1987 年版，第 202 页。

打破国界，打倒全世界资本的阶级"。[1] 两年后，李大钊的"政治预言"照进了现实，中国共产党正式创立。也就在这一时期，中共早期领导人在进行政治活动的同时，也开始初步思索马克思主义如何与中国国情、中华文化相结合的问题，理论探索的新纪元也由之展开。

客观而言，在建党之前和建党之初，早期中国共产党人所面临的时代课题堪称难解。本来追随西方亦步亦趋的模式因一战遭遇严峻挑战，十月革命送来的马克思主义在中国真正落地生根绝非易事，他们实际上处于中国与欧洲、俄国发展的巨大时空错位之中，毫无现成答案可供参考，起初发生一些误判在所难免，甚或可视作一种试错性的探索。

20 世纪 20 年代的中国，到底该选择怎样的发展道路？是应该发展资本主义，还是直接推行社会主义？这是彼时思想界热点话题。张东荪虽同情社会主义思想，但主张中国是"贫乏之可患甚于不均"[2]，而原因不是资本主义所致。梁启超认为资本主义虽存在诸多罪恶，仍决不可"专在打破资本主义一方面下功夫"[3]，当务之急是开发实业，发展资本主义。要之，他们的观点是符合当时国情的，然倘在中国发展资本主义则会面临一系列困难，极可能因各种内外势力干预无法驶入独立自主发展资本主义的快车道。他们对此并未给出切实的实施路径，说明他们所能认识到的，仅是中国的一部分实际情况。

陈独秀等人给出了针锋相对的反驳。首先，陈独秀认为历史已证明资本主义是一种坏的制度，"资本主义虽然在欧洲、美洲、日本也能够发达

1　李大钊：《新纪元》，《李大钊全集》第二卷，人民出版社 2013 年版，第 375—377 页。

2　东荪：《长期的忍耐》，《新青年》第 8 卷第 4 号，1920 年 12 月。

3　梁启超：《复张东荪书论社会主义运动》，《改造》第 3 卷第 6 期，1921 年 2 月。

教育及工业，同时却把欧、美、日本之社会弄成贪鄙、欺诈、刻薄、没有良心了；而且过去的大战争及将来的经济的大革命都是资本主义之产物，这是人人都知道的。幸而我们中国此时才创造教育工业在资本制度还未发达的时候，正好用社会主义来发展教育及工业，免得走欧、美、日本底错路"[1]。李达更是径直认定资本主义的"自由竞争和私有财产"属于"现社会中万恶的根源"。[2] 其次，他们大多认为取代资本主义的世界革命已勃然兴起，中国自应顺乎趋势，不可反其道行之。李大钊曾指出："中国的经济情形，实不能超出于世界经济势力之外。现在世界的经济组织，既已经资本主义以至社会主义"，所以要想在中国实行"保护资本家的制度"，是"势所不能"的，中国想发展实业，"非由纯粹生产者组织政府，以铲除国内的掠夺阶级，抵抗此世界的资本主义，依社会主义的组织经营实业不可"。[3] 陈独秀承认"现代人类底经济关系乃国际的而非国别的了"，中国"有许多事都渐渐逃不了国际化，经济制度更是显著"，然而"各国资本制度都要崩溃，中国那能够拿国民性和特别国情等理由来单独保存他"[4]。不难看出，李大钊、陈独秀等人相信社会主义必定替代资本主义的历史趋势，但立论未从积贫积弱的中国现实出发，甚至通篇不分析中国国情的特殊性，说明至少在此时他们还不善于运用马克思主义的原理去解剖具体的中国社会实际和历史文化实际。这需要于实实在在且极为艰辛的政

1　陈独秀：《独秀致罗素先生底信》，《陈独秀文集》第二卷，人民出版社2013年版，第82页。

2　李达：《讨论社会主义并质梁任公》，《新青年》第9卷第1号，1921年5月。

3　李大钊：《中国的社会主义与世界的资本主义》，《李大钊全集》第三卷，人民出版社2013年版，第359—360页。

4　陈独秀：《社会主义批评》，《陈独秀文集》第二卷，人民出版社2013年版，第126页。

治运动和社会实践中去逐渐发现与总结。

其后，在列宁关于民族殖民地理论的影响下，中共早期领导人很快纠正了以往对中国国情认识的偏颇，在中共二大确定了实行反帝反封建的民主革命纲领，之后中共三大更进一步明确中国革命当时的任务是进行民主主义性质的"国民革命"，而非社会主义革命。值得注意的是，1923 年前后，自莫斯科回国的瞿秋白发表了一系列文章，集中探讨马克思主义如何解决中国现实问题。其中《东方文化与世界革命》一文，开篇即挑明"东西文化的差异，其实不过是时间上的"，毕竟囿于各种因素，"各国各民族的文化于同一时代乃呈先后错落的现象"。他认为，诸文明"一切所谓'特性'、'特点'都有经济上的原因，东方和西方之间亦没有不可思议的屏障"。在他看来，中国文化所造成的三大弊端，分别是宗法社会之"自然经济"、畸形的封建制度之政治形式和殖民地式的国际地位。故只有发动世界革命，"东方民族方能免殖民地之苦，方能正当的为大多数劳动平民应用科学，以破宗法社会封建制度的遗迹，方能得真正文化的发展"。文末，瞿秋白特意强调了塑造中国新文化所需秉持的态度：

> ……实际行动之时，尤须时时不忘科学的方法，缜密的考察，因时因地而相机进行。无产阶级革命与东方民族革命相应的方法，以及东方民族内部运动之阶段，都必须是极慎重的研究。[1]

中国文化的出路必然从属于中国民族民主革命的前途，较之于前人，瞿秋白的观点初步具备了运用马克思主义与中国实际、中华文化结合的理

1　瞿秋白：《东方文化与世界革命》，《瞿秋白文集》（政治理论编）第二卷，人民出版社 2013 年版，第 14—25 页。

论自觉，显然是一种进步。在另外一篇长文《自民治主义至社会主义》中，瞿秋白初步探讨了中国既需要实行民主革命，又应当力争在未来顺利地过渡到实行社会主义的方案，"最终的胜利必定在世界及国内的无产阶级"[1]。有学者认为，该文"大约可以算做大革命前马克思主义者关于中国出路问题所做出的最重要的承前启后的理论成果"，"为后来在革命实践中逐步成熟起来的新民主主义论，提供了一个初步构想。当然它是初步的，所提供的只是一种关于中国革命蓝图的框架"。[2] 或可认为，中国共产党关于"两个结合"的发轫，最终成于此时期。

《中共中央关于党的百年奋斗重大成就和历史经验的决议》明确指出："当代中国的伟大社会变革，不是简单延续我国历史文化的母版，不是简单套用马克思主义经典作家设想的模板，不是其他国家社会主义实践的再版，也不是国外现代化发展的翻版。"[3] 回望五四，百余年前"马克思主义基本原理同中华优秀传统文化相结合"之发轫，机缘可谓风云际会，过程堪称筚路蓝缕。从一战引发中西文明重新审视对方进而反省自身的分水岭，到中国思想界因争论如何处理古今中西文化关系问题而出现空前裂变，遭遇了观时待变的三岔口，终至迎来中国共产党创立初期"两个结合"发轫之新纪元，其间曲折颇多，意蕴甚丰。要之，卓见纷呈的各派学人为刚刚诞生的中国共产党探索马克思主义同中国具体实际相结合、同中华优

1　瞿秋白：《自民治主义至社会主义》，《瞿秋白文集》（政治理论编）第二卷，人民出版社 2013 年版，第 219 页。

2　丁伟志：《辨析国情、选择出路之争——对于"五四"过后发生的社会主义大辩论的再认识》，《中国社会科学》1999 年第 4 期。

3　本书编写组编著：《〈中共中央关于党的百年奋斗重大成就和历史经验的决议〉辅导读本》，人民出版社 2021 年版，第 76 页。

秀传统文化相结合提供了极其厚重的议题资源与极为必要的思想铺垫。对该历程的回顾，或有如下三点启示。

第一，中华文化是一个复合的文化系统，切不可简化为某个学派或单类理论。与此同时，中华文化之所以绵延不绝，在于其始终处在一个动态变化过程之中。这两个近似常识的认知，决定了"全盘西化"绝不足取，"复古保守"亦不可行，文化的延续与创新是恒久的话题。"第二个结合"在彼时发轫的一大因素，即由于早期中国共产党人具有高度的文化自觉，在推进马克思主义改造现实时，能较为辩证地看待"守常"与"求变"的关系，不忘高扬中华文化的主体性与中国人的主体意识。这也从一个层面印证了党的十八大以来不断倡导坚持对中华优秀传统文化进行"创造性转化、创新性发展"的重要价值所在。

第二，"两个结合"之所以在中国共产党创立后发轫，要因即一战爆发与五四运动掀起了文化的大变动。换言之，政治的大变动，引来了文化的大变动；而对一战这场政治惨剧的现代性反省，又激活了新文化运动后期更为深刻的文化变动，以及经济大变动。所以，如何处理政治与文化的关系，是科学把握"第二个结合"的枢纽。脱离政治的文化是无本之木，蔑视文化的政治则是无源之水，皆不可长久。是故放眼未来的中华民族伟大复兴，一定需要"两个结合"比翼齐飞、融合发力。

第三，必须承认，在发轫阶段，陈独秀、李大钊等先贤受各种主客观因素限制，尚不能科学全面地看待马克思主义与中国实际、中华文化结合的问题，存在这样那样的偏颇与执念。这恰恰说明马克思主义中国化是一个常做常新、不断深入的过程，其中人的因素至为关键。习近平总书记曾强调："中国共产党人是马克思主义者，坚持马克思主义的科学学说，坚持和发展中国特色社会主义，但中国共产党人不是历史虚无主义者，也不是文化虚无主义者。"[1] 这无疑说明,坚持把马克思主义基本原理同中国具体实际相结合、同中华优秀传统文化相结合,百年来所取得成就的关键,是靠具备主体意识、理论素养和实践本领的中国共产党人;未来持续深入探索与铸就中华文化新辉煌,仍系乎中国共产党人。

1　习近平:《在纪念孔子诞辰 2565 周年国际学术研讨会暨国际儒学联合会第五届会员大会开幕会上的讲话》,《人民日报》2014 年 9 月 25 日。

第七章

百年来"马克思主义基本原理同中华优秀传统文化相结合"的实践历程及启示

  党的二十大报告在"开辟马克思主义中国化时代化新境界"部分明确指出:"中国共产党为什么能,中国特色社会主义为什么好,归根到底是马克思主义行,是中国化时代化的马克思主义行。"[1] 并具体强调"坚持和发展马克思主义,必须同中华优秀传统文化相结合。只有植根本国、本民族历史文化沃土,马克思主义真理之树才能根深叶茂"[2]。这段重要论断深化了我们党对坚持和发展马克思主义的规律性认识,也是我们理解和把握习近平新时代中国特色社会主义思想的关键。正如中央宣传部在中共中央解读党的二十大报告的新闻发布会上所介绍的:"这是对党的理论的又一重大创新,开创了我们党理论创新的新格局……这是对历史的深刻总结,是对规律的深刻揭示,也是对未来理论发展的正确引领,代表了中国共产党人新的觉悟、新的认识高度,也体现了我们中国共产党和中国人民强烈

---

  1 习近平:《高举中国特色社会主义伟大旗帜 为全面建设社会主义现代化国家而团结奋斗——在中国共产党第二十次全国代表大会上的报告》,人民出版社 2022 年版,第 16 页。

  2 习近平:《高举中国特色社会主义伟大旗帜 为全面建设社会主义现代化国家而团结奋斗——在中国共产党第二十次全国代表大会上的报告》,人民出版社 2022 年版,第 18 页。

的文化自信与文化自觉。"[1] 可见，自习近平总书记在庆祝中国共产党成立 100 周年大会上提出后，"马克思主义基本原理同中华优秀传统文化相结合"已成为学术界、理论界热议探讨的重要问题。

溯源才能浚流，守正方可出新。结合党的二十大报告有关"第二个结合"的具体论述，我们应当从"马克思主义基本原理同中华优秀传统文化相结合"的历史原点出发，悉心梳理中国共产党百余年之探索历程与经验启示，深入把握该理论命题之所以于党的百年华诞之际提出的理论逻辑与实践逻辑，从而在过去、现在与未来的时间轴线上锚定目标，继续推进马克思主义中国化时代化之纵深发展。

一、契合、结合与融合："第二个结合"的实现层次

仔细研读党的二十大报告，不难发现针对"第二个结合"，党中央的阐释体现了诸多新颖深刻之处。如报告着意提出："中华优秀传统文化源远流长、博大精深，是中华文明的智慧结晶，其中蕴含的天下为公、民为邦本、为政以德、革故鼎新、任人唯贤、天人合一、自强不息、厚德载物、讲信修睦、亲仁善邻等，是中国人民在长期生产生活中积累的宇宙观、天下观、社会观、道德观的重要体现，同科学社会主义价值观主张具有高度契合性。"[2]

1　张研、董博婷：《"夺取新时代中国特色社会主义新胜利的政治宣言和行动纲领"——中共中央举行新闻发布会解读党的二十大报告》，《人民日报》2022 年 10 月 25 日。

2　习近平：《高举中国特色社会主义伟大旗帜　为全面建设社会主义现代化国家而团结奋斗——在中国共产党第二十次全国代表大会上的报告》，人民出版社 2022 年版，第 18 页。

这里明确强调中华优秀传统文化同科学社会主义价值观主张具有高度契合性，可谓给学术界、理论界提出了极其新颖且极为重要的课题。

众所周知，马克思主义基本原理同中华优秀传统文化相结合，已走过了百年历程，自 1921 年中国共产党创立初期的初步结合，到 1943 年 5 月，中共中央在《关于共产国际执委主席团提议解散共产国际的决定》中指出："要使得马克思列宁主义这一革命科学更进一步地和中国革命实践、中国历史、中国文化深相结合起来。"[1] 再到 2021 年 3 月 24 日，习近平总书记在福建考察时强调："要把坚持马克思主义同弘扬中华优秀传统文化有机结合起来，坚定不移走中国特色社会主义道路。"[2] 自"初步结合""深相结合"至"有机结合"，随着中国共产党人对马克思主义基本原理的领悟愈来愈深，对中华优秀传统文化的把握越来越准，"第二个结合"愈益彰显出理论的光芒与文化的底蕴，二者必将走向更为深刻的融合之境。

倘若"融合"是面向未来的长远目标，"结合"是回顾百年的成功路径，那毫无疑问"契合"则意味着彼此互通的内在可能。当然，百年的结合历程已用无可争议的诸多伟大创造与天才创新，证明了马克思主义基本原理同中华优秀传统文化之间是深深相契且道理相合的。故立足新的历史起点与征程，我们重返原点，去探寻二者的"可能性"，则不再只是追问"是否可能"，而是总结"因何可能"，进而更好地为今后"把马克思主义思想精髓同中华优秀传统文化精华贯通起来、同人民群众日用而不觉的共同价

1　中央档案馆编：《中共中央文件选集》第 14 册，中共中央党校出版社 1992 年版，第 41 页。

2　《习近平在福建考察时强调　在服务和融入新发展格局上展现更大作为　奋力谱写全面建设社会主义现代化国家福建篇章》，《人民日报》2021 年 3 月 26 日。

值观念融通起来"[1]积累可贵经验。

恰如本书第六章所言，马克思主义基本原理同中华优秀传统文化相结合的过程，实际上属于一种"有选择性的亲和"，并非一一对应的机械复制粘贴，亦非此消彼长的互相竞争替代。这势必需要中国共产党人既善于进行"传统的发现"，找到中华优秀传统文化可与马克思主义基本原理深入契合处，为科学理论深深扎根中国筑牢基石，又善于进行"传统的发明"，用马克思主义基本原理激活长存华夏文明之内的文化基因，为优秀文化久久承继弘扬创造条件。尚需说明的是，马克思主义基本原理同中华优秀传统文化相结合，属于两大思想文化体系的相通互融，并非简单理念上之一一对应，更无"照方抓药"式的模板可供依循。该伟大创举是在波澜壮阔的百余年历程中通过无数次的实践探索而达致从无到有、终蔚为大观的，从而"不断赋予科学理论鲜明的中国特色，不断夯实马克思主义中国化时代化的历史基础和群众基础，让马克思主义在中国牢牢扎根"[2]。《中共中央关于党的百年奋斗重大成就和历史经验的决议》强调：毛泽东思想是马克思主义中国化的第一次历史性飞跃，中国特色社会主义理论体系实现了马克思主义中国化新的飞跃，习近平新时代中国特色社会主义思想实现了马克思主义中国化新的飞跃。基于此我们可以确定，百余年来，中国共产党人既是马克思主义的忠实信奉者和实践者，也是中华优秀传统文化的忠实传承者和弘扬者。伴随着马克思主义中国化的三次飞跃，马克

1　习近平:《高举中国特色社会主义伟大旗帜　为全面建设社会主义现代化国家而团结奋斗——在中国共产党第二十次全国代表大会上的报告》，人民出版社2022年版，第18页。

2　习近平:《高举中国特色社会主义伟大旗帜　为全面建设社会主义现代化国家而团结奋斗——在中国共产党第二十次全国代表大会上的报告》，人民出版社2022年版，第18页。

思主义基本原理同中华优秀传统文化相结合也实现了三次升华。

进而言之，中国共产党把马克思主义基本原理同中华优秀传统文化相结合，有一个从自发到自觉到升华的过程。党在不同时期面临的主要任务和现实问题，以及世情、国情、党情的变化，推动党对这一问题的认识也在不断深化。中国共产党人坚持运用马克思主义立场观点方法，实现了对中华优秀传统文化的继承、弘扬和创造性转化、创新性发展。科学理解马克思主义基本原理同中华优秀传统文化相结合的发展历程，对发展中国特色社会主义文化、推进文化自信自强、铸就社会主义文化新辉煌、建成社会主义文化强国，具有重大的理论意义和实践意义。对这一历程的考察，亦有助于我们更好把握契合缘何必要、结合何以生成与融合为何必然的深层次机理。

二、从"初步结合"到"深相结合"：马克思主义基本原理同中华优秀传统文化相结合的第一次升华

简要而言，马克思主义中国化，是"化中国"和"中国化"彼此互动、相得益彰的过程。它涵盖两个方面：其一，是把马克思主义基本原理运用到中国革命、建设、改革等诸阶段的具体实际（包括历史文化实际）当中，从而剖析和解决中国的现实问题，如毛泽东所言："使马克思主义在中国具体化，使之在其每一表现中带着必须有的中国的特性，即是说，按照中国的特点去应用它"[1]；其二，是按照马克思主义基本原理尤其是立场观点方法，提炼概括并深化为中国社会实际发展和中国共产党伟大实践的宝贵经验，最终升华为马克思主义在中国孕育的新思想、新理论，亦即具有中

1　《毛泽东选集》第二卷，人民出版社 1991 年版，第 534 页。

国特色的马克思主义新内涵与形式，也就是"要把马、恩、列、斯的方法用到中国来，在中国创造出一些新的东西"[1]。

中华优秀传统文化毫无疑问是滋养马克思主义中国化的丰厚沃土，也是形塑其独特中国形态特征的不可或缺的基本资源。职是之故，"马克思主义必须和我国的具体特点相结合并通过一定的民族形式才能实现"[2]，更要追求一个"合乎中国需要的理论性的创造"[3]。如此通过经年累月的不懈探索，在与中华文化深切交融后，马克思主义的理论内蕴和表达形式便被赋予了中国特色、中国风格和中国气派。

十月革命后，中国共产党人找到了马克思主义这一救国救世之真理，同时也有意识地运用社会主义革命的视角，立足中国传统和国情来审视与思考问题。恰如李大钊所指出的："因各地、各时之情形不同，务求其适合者行之，遂发生共性与特性结合的一种新制度，故中国将来发生之时，必与英、德、俄……有异。"[4] 作为马克思主义中国化的倡导者、践行者与主导力量，中国共产党必须注重对中华文明精髓要义的提炼与发掘，并将之与马克思主义基本原理发生良好的关联。坦率而言，在中国共产党创立初期，中国共产党人对"第二个结合"的探索，至多处于自发的程度，尚不够深入，可称为"初步结合"阶段。直到遵义会议后，毛泽东站在了推进马克思主义中国化的最前沿，并进而通过其诸多天才式的思路与路径赋予科学真理以民族形式和中华文化品质。1938 年 10 月，在党的六届六中全会上，毛泽东鲜明提出，"离开中国特点来谈马克思主义，只是抽象的空洞的马克思主义。因此，使马克思主义在中国具体化，使

---

1 《毛泽东文集》第二卷，人民出版社 1993 年版，第 408 页。

2 《毛泽东选集》第二卷，人民出版社 1991 年版，第 534 页。

3 《毛泽东选集》第三卷，人民出版社 1991 年版，第 820 页。

4 《李大钊全集》第四卷，人民出版社 2013 年版，第 248 页。

之在其每一表现中带着必须有的中国的特性，即是说，按照中国的特点去应用它，成为全党亟待了解并亟须解决的问题"[1]。也正是在此时期，在如何对待传统文化的问题上，以毛泽东同志为主要代表的中国共产党人始终坚持既批判又继承的态度，从而实现了马克思主义基本原理同中华优秀传统文化的"深相结合"。毛泽东一再强调，"清理古代文化的发展过程，剔除其封建性的糟粕，吸收其民主性的精华，是发展民族新文化提高民族自信心的必要条件"[2]。众所周知，毛泽东对传统文化有着深厚感情与极高造诣，他不止一次强调："今天的中国是历史的中国的一个发展；我们是马克思主义的历史主义者，我们不应当割断历史。从孔夫子到孙中山，我们应当给以总结，承继这一份珍贵的遗产。"[3] 他主张："要把中国的好东西都学到。要重视中国的东西，否则很多研究就没有对象了。"[4]毛泽东终其一生都非常自觉且注重承继和汲取优秀传统文化的博大智慧，怀着炽烈的问题意识，根据不同的时代和局势需要，将中华优秀传统文化同马克思主义进行深入结合，这在《实践论》《矛盾论》《新民主主义论》《论十大关系》等一系列重要文献中体现得至为突出。

（一）《实践论》和《矛盾论》开启了马克思主义基本原理同中华优秀传统文化相结合之先河

20 世纪 30 年代中叶，在反对、批判党内的主观主义错误，特别是"左"倾教条主义背景下，毛泽东撰写了一系列高屋建瓴、深入浅出

1　《毛泽东选集》第二卷，人民出版社 1991 年版，第 534 页。

2　《毛泽东选集》第二卷，人民出版社 1991 年版，第 707—708 页。

3　《毛泽东选集》第二卷，人民出版社 1991 年版，第 534 页。

4　《毛泽东著作选编》，中共中央党校出版社 2002 年版，第 419 页。

的理论著作，对思想路线作了多方面、多维度的阐释和发挥，《实践论》和《矛盾论》（以下简称"两论"）就是这些思想杰作中最具典范意义的代表作。

"两论"写作的最深刻理论动机和实践动机，是从哲学上反思、批判和破除党内存在的严重主观主义错误。毛泽东在撰写"两论"前，认真阅读了恩格斯的《反杜林论》、列宁的《唯物主义和经验批判主义》《谈谈辩证法问题》、普列汉诺夫的《论一元论历史观的发展问题》等马克思主义经典作家的哲学著作[1]，较好地掌握了马克思主义哲学的基本原理。与此同时，这一时期马克思主义传播的一大特点即"唯物辩证法风靡了全国"，且趋于通俗化、普及化，犹如暴风雨般，"其力量之大，为二十二年来的哲学思潮史中所未有。学者都公认这是一切任何学问的基础"[2]。毛泽东恰恰抓住了时代思潮的微妙脉动，在"两论"中，从马克思主义哲学世界观和方法论的高度，对把马克思主义运用于中国革命的道路进行了深入浅出的哲学论证，强调中国共产党人必须坚持知与行、理论与实践之具体的历史的统一，提出矛盾的共性与个性、普遍性与特殊性、绝对与相对之相互关系问题，是关于"矛盾的问题的精髓"的重要的、著名的哲学论断，并以极其鲜明、科学严谨的理论态度和哲学语调，谆谆告诫中国共产党人"不懂得它，就等于抛弃了辩证法"[3]。

毛泽东熟谙中国历代传统思想流派的学术观点，尤其涉及辩证法思想的内容，对其影响甚大。源自中国的思想文化精髓，经过他的批判、改造、提炼、加工后，创造性地融入"两论"的叙事风格和观点论断之中。

1　龚育之、逄先知、石仲泉：《毛泽东的读书生活》，生活·读书·新知三联书店 1986 年版，第 69 页。

2　《艾思奇文集》第一卷，人民出版社 1981 年版，第 66 页。

3　《毛泽东选集》第一卷，人民出版社 1991 年版，第 320 页。

这促使"两论"在遣词造句、表达方式、用典举例等方面处处体现出中国气派、中国特色和中国风格。"两论"中充满了新鲜活泼、为中国老百姓所喜闻乐见的表述形式，大量采用中国成语和民间谚语，例如"眉头一皱计上心来""秀才不出门，全知天下事"等；大量引用妇孺皆知的中国民间故事，例如《山海经》中的"夸父逐日"、《淮南子》中的"羿射九日"、《水浒传》中的"三打祝家庄"等。"两论"还经常采用通俗易懂的群众语言述深奥的哲学原理，例如，"你要知道梨子的滋味，你就得变革梨子，亲口吃一吃"，说明实践是认识的来源；"鸡蛋因得适当的温度而变化为鸡子，但温度不能使石头变为鸡子"，说明事物的内在矛盾是事物变化的根据。可以说，"两论"从哲学内容和表现形式上皆开启了马克思主义基本原理同中华优秀传统文化相结合之先河。

更堪措意的是，在"两论"中，毛泽东恰到好处地借中国传统哲学的命题"知行""实事求是"来表达理论与实际的关系，从而彰显和阐明马克思主义基本原理之精髓所在，同时亦以马克思主义新的内容赋予传统哲学范畴以新的科学意蕴，可谓浑然天成，两者形成了一种形式与灵魂的高度融合。《实践论》虽没有刻意征引中国古代思想学派的观点，但字里行间显示出它批判地继承了古代"知行学说"的痕迹。《矛盾论》最根本的理论贡献，就在于它开创了一个以矛盾法则为核心的中国化马克思主义辩证法理论体系，是结合中国传统辩证法思想创造性地运用马克思主义哲学的结果，是一种原创性的理论贡献，"奠定了马克思主义中国化的哲学基础"[1]。

要之，"两论"的价值与意义，不仅在于提出和创造了一些至为重要的哲学原理与指导思想，同时将马克思主义世界观和方法论运用于中国社

---

1 顾海良：《马克思主义中国化：历史·理论·现实》，经济科学出版社 2020 年版，第 70 页。

会实践，提出了"实事求是"的思想路线，创造性地将其阐释且转换成一个有着巨大思想内涵、深刻历史内容和鲜明时代特点的科学论断，并由此成为中国共产党人进行革命、建设和改革的思想路线。更具有范式意义的是，"两论"为如何把西方文化尤其是马克思主义加以有效中国化、融入中国传统思想文化的优质资源，提供了弥足珍贵的原初经验。

（二）《新民主主义论》是马克思主义基本原理同中华优秀传统文化相结合的典范

如果说"两论"是毛泽东运用马克思主义赋予传统文化以新的科学意蕴，那么，在《新民主主义论》中，毛泽东则进一步把马克思主义基本原理同中华优秀传统文化加以结合，建构了具备中国特色的现代性话语体系，为中国特色社会主义文化理论提供了一套原创性的范本。

《新民主主义论》中关于新民主主义文化的系统阐释，实际上也为现代中国话语的创新性发展奠定了基本的发展路径。毛泽东在《新民主主义论》中明确指出，必须要坚持历史唯物主义的态度，辩证对待传统文化与古代话语，即对传统文化进行批判性吸收，通过发展民族新文化为提高民族自信心提供必要条件。也就是说，必须树立对待传统文化的科学态度，即坚持辩证的历史观，尊重而不割断历史。"但是这种尊重，是给历史以一定的科学的地位，是尊重历史的辩证法的发展，而不是颂古非今，不是赞扬任何封建的毒素。"[1]毛泽东强调，新民主主义的文化是扎根于人民大众的文化，是为人民群众服务的文化，必须摒弃食洋不化和食古不化两种极端倾向，要以人民群众喜闻乐见的形式加以表达，这毫无疑问也是马克思主义基本原理同中华优秀传统文化相结合必须遵循的原则。"必须将马

---

1 《毛泽东选集》第二卷，人民出版社1991年版，第708页。

克思主义的普遍真理和中国革命的具体实践完全地恰当地统一起来，就是说，和民族的特点相结合，经过一定的民族形式，才有用处，决不能主观地公式地应用它……中国文化应有自己的形式，这就是民族形式。民族的形式，新民主主义的内容——这就是我们今天的新文化。"[1]毛泽东有意凸显新民主主义文化的民族性，体现了近代以来中华民族反对帝国主义侵略这一时代主题。这种民族性绝非狭隘的民族主义情绪或封闭主义主张，而是倡导在与其他民族、国家的进步文化互学互鉴之中，彼此择取对方精华，达到共同进步繁荣的目的。换言之，国外的大量进步文化，是熔铸新民主主义文化的宝贵原料，但并非须臾不可离的根脉。此外，毛泽东也十分注意对于马克思主义基本原理的传播解释，"毫无疑义，应该扩大共产主义思想的宣传，加紧马克思列宁主义的学习，没有这种宣传和学习，不但不能引导中国革命到将来的社会主义阶段上去，而且也不能指导现时的民主革命达到胜利"[2]。这意在点明"第二个结合"的双方主体，在建构新民主主义理论中切不可顾此失彼。这是基于鲜活的实践正反两方面经验教训之上的深刻反思而得出的科学判断。

（三）《论十大关系》是马克思主义基本原理同中华优秀传统文化相结合的深化

新中国成立后，"党领导人民战胜政治、经济、军事等方面一系列严峻挑战"，"领导建立和巩固工人阶级领导的、以工农联盟为基础的人民民主专政的国家政权，为国家迅速发展创造了条件"。[3]在对中国社会主义

1　《毛泽东选集》第二卷，人民出版社1991年版，第707页。

2　《毛泽东选集》第二卷，人民出版社1991年版，第706页。

3　本书编写组编著：《〈中共中央关于党的百年奋斗重大成就和历史经验的决议〉辅导读本》，人民出版社2021年版，第22—23页。

建设道路选择问题的摸索中，毛泽东立足国内和国外两个大局，审时度势，回顾历史，遵循理论，直面现实，提出"把马列主义基本原理同中国革命和建设的具体实际相结合……现在是社会主义革命和建设时期，我们要进行第二次结合，找出在中国怎样建设社会主义的道路"[1]。《论十大关系》无疑是"第二次结合"中的代表作。

习近平总书记曾指出："《论十大关系》是毛泽东同志运用普遍联系观点阐述社会主义建设规律的典范。"[2] 在以《论十大关系》为主要代表的文献和讲话中，毛泽东对马克思主义基本原理同中华优秀传统文化相结合，也有进一步论述："我们要学的是属于普遍真理的东西，并且学习一定要与中国实际相结合。如果每句话，包括马克思的话，都要照搬，那就不得了。"[3] 并且在结合态度上，持非常开放包容又理性务实的立场："我们的方针是，一切民族、一切国家的长处都要学，政治、经济、科学、技术、文学、艺术的一切真正好的东西都要学。但是，必须有分析有批判地学，不能盲目地学，不能一切照抄，机械搬用。他们的短处、缺点，当然不要学。"[4] 党的八大也将"对于中国过去的和外国的一切有益的文化知识，必须加以继承和吸收"[5] 写入决议，表明中国共产党人对待马克思主义基本原理同中华优秀传统文化相结合的坚定态度。1956 年，毛泽东提出"百花齐放"方针，指出文艺界各种不同形式和风格的艺术应该自由发展，这一方针正是他根据马克思主义辩证法原理，借用中国古典思想创造性

1　吴冷西：《忆毛主席——我亲身经历的若干重大历史事件片断》，新华出版社 1995 年版，第 9 页。

2　《习近平谈治国理政》第二卷，外文出版社 2017 年版，第 205 页。

3　《毛泽东文集》第七卷，人民出版社 1999 年版，第 42 页。

4　《毛泽东文集》第七卷，人民出版社 1999 年版，第 41 页。

5　中共中央文献研究室编：《建国以来重要文献汇编》第九册，中央文献出版社 1994 年版，第 348 页。

解决社会主义制度下如何发展文学艺术问题的一个典型案例。毛泽东提出，马克思主义与传统文化的结合，要有独立的思考，产生自己的理论，"马列是指导，不是教条，教条论是最无出息的，最可丑的。要产生自己的理论"[1]。

总而言之，毛泽东将马克思主义基本原理同中华优秀传统文化有机结合，确立了"实事求是"的思想路线，这个思想路线既继承了它所蕴含的中华优秀传统文化，更为重要的是，又得到了马克思主义的理论改造与思想升华，体现了马克思主义、毛泽东思想的精髓。正如邓小平所说："马克思、恩格斯创立了辩证唯物主义和历史唯物主义的思想路线，毛泽东同志用中国语言概括为'实事求是'四个大字。"他认为，"毛泽东思想的精髓就是这四个字"，"实事求是，是毛泽东思想的出发点、根本点"，也是"马克思主义的根本观点，根本方法"。[2]

三、"深相结合"的不断深入：马克思主义基本原理同中华优秀传统文化相结合的第二次升华

改革开放和社会主义现代化建设新时期，中国共产党在社会主义建设实践中继续坚持把马克思主义基本原理同中华优秀传统文化相结合，形成了包括邓小平理论、"三个代表"重要思想和科学发展观在内的中国特色社会主义理论体系，中华优秀传统文化构成了中国特色社会主义理论体系的文明根基和创新宝藏。

---

1 《建国以来毛泽东文稿》第七册，中央文献出版社 1996 年版，第 204 页。
2 《邓小平文选》第二卷，人民出版社 1994 年版，第 278、126、114 页。

（一）邓小平理论继承和改造了马克思主义基本原理与中华优秀传统文化相契合的思想资源

邓小平以马克思主义基本原理作为解决实践问题和理论创新的依据，辩证地继承和改造了中华优秀传统文化中与马克思主义相契合的思想资源。邓小平明确提出"中国特色"概念，反复强调建设社会主义，一定要有中国特色，"要按照中国的情况写中国的文章"[1]。邓小平把"实事求是"确立为毛泽东思想的精髓并终生坚持"实事求是"的思想路线。他在党的十二大开幕词中指出："把马克思主义的普遍真理同我国的具体实际结合起来，走自己的道路，建设有中国特色的社会主义，这就是我们总结长期历史经验得出的基本结论。"[2]之后，邓小平多次强调，"马克思主义必须是同中国实际相结合的马克思主义，社会主义必须是切合中国实际的有中国特色的社会主义"[3]。中国特色社会主义把"社会主义"与"中国特色"结合起来，强调普遍规律和民族特点的有机统一，从而为马克思主义基本原理同中华优秀传统文化相结合提供了新的理论依据。

邓小平把马克思主义基本原理同中华优秀传统文化相结合，目的就是推进当代中国各项事业的快速稳步发展。最具代表性的创造，莫过于邓小平提出的"小康"理论。众所周知，出自《诗经》的"小康"概念，原本只表示相对安宁之意。其在后世绵延演进中被赋予了丰富多元的政治、经济、社会乃至文化内涵。几千载岁月积淀与先贤凝练，"小康"逐渐融入中国文明进程之中，化为中国人精神世界中的重要愿景。邓小平运用唯物

1　中共中央文献研究室编：《邓小平文集（一九四九——一九七四年）》中卷，人民出版社 2014 年版，第 391 页。

2　《邓小平文选》第三卷，人民出版社 1993 年版，第 3 页。

3　《邓小平文选》第三卷，人民出版社 1993 年版，第 63 页。

史观，以历史与逻辑相统一，紧密地将"国情""世情"与传统文化相结合，从不同视角赋予这一概念多重崭新的意涵。"全面实现小康社会"目标的提出，既有着对传统小康思想的扬弃、吸纳和创造性转化，同时更是一种整体性超越和创新性发展，将这一概念上升为现代中国的重要符号与国家话语。可以说，邓小平借用"小康"定位一个时期中国现代化建设的战略目标，极其高明地将现代社会价值观与传统中国社会理想结合起来，属于一种睿智创造。这意味着，"它采用世界上通用的衡量一个国家或地区生产水平和生活水平的人均国民生产总值，为一个本来很抽象的社会发展目标概念确定了一个具体的标准。这就使现代化的目标既易于为广大人民群众所掌握，又便于与世界各国作比照，还能根据各种情况适时作出新的调整，从而成为一个动态的、开放的发展目标"[1]。

（二）"三个代表"重要思想为实现马克思主义基本原理同中华优秀传统文化相结合提出了新思路

世纪之交，以江泽民同志为主要代表的中国共产党人深刻认识世界发展的根本趋势，着眼于始终保持和发展党的先进性，更好地实现中华民族伟大复兴，提出"三个代表"重要思想，要求党要"始终代表先进文化的发展方向"。这里的"先进文化"，既包括先进的科学文化知识即知识形态的文化，也包括以马克思主义为指导的先进的意识形态即观念形态的文化，而传统文化所体现的民族精神是观念形态文化的重要内涵。江泽民指出，毛泽东思想、邓小平理论"这两大理论成果，是中国化了的马克思主义，既体现了马克思列宁主义的基本原理，又包含了中华民族的优秀思想

1　中央文献研究室小康社会研究课题组：《小康社会理论的形成——纪念邓小平首次阐述实现小康社会奋斗目标30年》，《光明日报》2010年4月5日。

和中国共产党人的实践经验"[1]。这实际上肯定了毛泽东思想和邓小平理论既是马克思主义基本原理同中国具体实际相结合的产物，也是马克思主义基本原理同中华优秀传统文化相结合的产物。"三个代表"重要思想从始终保持和发扬党的先进性，更好地实现中华民族伟大复兴的高度，为马克思主义基本原理同中华优秀传统文化相结合提出了新思路。如提出的"与时俱进"，丰富和发展了"实事求是"思想路线；提出的"三个代表"中的"始终代表中国最广大人民的根本利益"，丰富和发展了融马克思主义与中国传统民本思想于一体的"为人民服务论"；提出的"以德治国与依法治国相结合"，用马克思主义改造了中国传统的治国理念；挖掘并弘扬中华民族精神，提出了中华民族的伟大复兴战略，将马克思主义基本原理同中华优秀传统文化的结合发展到了一个新的高度。在党的十五大报告中，江泽民明确提出了党在社会主义初级阶段的文化纲领："建设有中国特色社会主义的文化，就是以马克思主义为指导，以培育有理想、有道德、有文化、有纪律的公民为目标，发展面向现代化、面向世界、面向未来的，民族的科学的大众的社会主义文化。"[2] 在庆祝中华人民共和国成立 50 周年大会上的讲话中，江泽民以高度的文化自觉、自信和自强意识指出："在新的千年中，中华民族必将以自己新的灿烂成就，为世界文明作出更大贡献"[3]，展现了中国共产党一以贯之的理论格局和文化情怀。

（三）科学发展观对中华优秀传统文化的汲取与创新

以胡锦涛同志为主要代表的中国共产党人继承将马克思主义基本原理同中华优秀传统文化相结合的优良传统，并在广度和深度上进一步发扬了

1 《江泽民文选》第三卷，人民出版社 2006 年版，第 270 页。
2 《江泽民文选》第二卷，人民出版社 2006 年版，第 17—18 页。
3 《江泽民文选》第二卷，人民出版社 2006 年版，第 419 页。

这一传统。从内容上看，更多的中华优秀传统文化资源被吸收到马克思主义的理论创新中来，如从科学发展观的核心"以人为本"到科学发展观的"全面协调可持续"等基本要求，从"和谐社会"到"和谐世界"理论的提出，都体现了党的理论政策创新中强烈的传统文化色彩；从形式上看，更多理论创新采用的是广大人民群众喜闻乐见的语言表达形式，也更贴近人民群众的生活。马克思主义基本原理同中华优秀传统文化相结合，更由表入深，更加注重从精神层面继承和发展中华优秀传统文化。胡锦涛在庆祝中国共产党成立 90 周年大会上的讲话中指出："中华民族创造了源远流长、博大精深的中华文化，中华民族也一定能够在弘扬中华优秀传统文化的基础上创造出中华文化新的辉煌。"[1] 党的十七大指出，中华民族伟大复兴必然伴随着中华文化的繁荣兴盛，要更加自觉、更加主动地推动文化大发展大繁荣，并就提高国家文化软实力、兴起文化建设新高潮作出一系列重大战略部署。党的十七届六中全会更进一步提出"坚持中国特色社会主义文化发展道路"，强调"中国共产党从成立之日起，就既是中华优秀传统文化的忠实传承者和弘扬者，又是中国先进文化的积极倡导者和发展者"[2]，愈加凸显了中国共产党人在马克思主义基本原理同中华优秀传统文化相结合中的主体身份与主导地位。

　　围绕"建设中国特色社会主义"这一时代使命，科学发展观从传统文化中汲取智慧，在马克思主义理论指导下，对中华优秀传统文化进行了汲取和创新，如社会主义政治文明、社会主义核心价值体系、社会主义和谐社会等，都是既破除对马克思主义教条式理解，又抵制抛弃社会主义基本制度错误主张的理论创新成果。这些理论创新，既没有丢掉老祖宗，又

1 《胡锦涛文选》第三卷，人民出版社 2016 年版，第 540 页。

2 《中共十七届六中全会在京举行》，《人民日报》2011 年 10 月 19 日。

讲出了当今时代、当今中国的新话,写出了科学社会主义的"新版本"。[1]
在此时期,党中央提出了"社会主义核心价值体系"这一在思想文化建设
领域具有重大理论创新价值的成果。党中央明确指出,社会主义核心价值
体系涵盖四个方面:"马克思主义指导思想,中国特色社会主义共同理想,
以爱国主义为核心的民族精神和以改革创新为核心的时代精神,社会主义
荣辱观,构成社会主义核心价值体系的基本内容。"[2]可谓彼时"第二个结
合"的最新成果。

四、从"深相结合"到"有机结合":马克思主义基本原理同中华优秀传统文化相结合的第三次升华

2021 年 7 月 1 日,习近平总书记在庆祝中国共产党成立 100 周年大
会上发表重要讲话,第一次提出"坚持把马克思主义基本原理同中国具体
实际相结合、同中华优秀传统文化相结合"的重要命题。同年 11 月,党
的十九届六中全会在总结"坚持理论创新"的历史经验时,把"两个结合"
的重大论断正式写进《中共中央关于党的百年奋斗重大成就和历史经验的
决议》中。"两个结合"重大论断是新时代以习近平同志为核心的党中央
进行理论创造形成的深刻认识,在马克思主义基本原理"同中国具体实际
相结合"的基础上,进一步提出"同中华优秀传统文化相结合",形成"两
个结合"的重大论断,这是中国共产党推进马克思主义中国化实践深入发

1　本书编写组编著:《〈中共中央关于党的百年奋斗重大成就和历史经验的决
议〉辅导读本》,人民出版社 2021 年版,第 75 页。

2　中共中央文献研究室编:《十六大以来重要文献选编》(下),中央文献出
版社 2008 年版,第 661 页。

展的理论创新成果，具有鲜明的时代意义。2022 年 5 月 27 日，在十九届中央政治局第三十九次集体学习时，习近平总书记再次强调，要在"两个结合"的基础上，"不断推动马克思主义中国化时代化"[1]。

习近平总书记在纪念马克思诞辰 200 周年大会上的重要讲话中指出，科学社会主义基本原则不能丢，丢了就不是社会主义。同时，科学社会主义也绝不是一成不变的教条，"只有把科学社会主义基本原则同本国具体实际、历史文化传统、时代要求紧密结合起来，在实践中不断探索总结，才能把蓝图变为美好现实"[2]。在这里，"历史文化传统"被单独提出，并与"本国具体实际"并列，马克思主义基本原理同中华优秀传统文化相结合的重要性在新时代愈发凸显。

（一）在面向实践、面向未来、面向复兴的过程中不断推动马克思主义基本原理同中华优秀传统文化相结合

回顾党的十八大以来党中央在坚持"马克思主义基本原理同中华优秀传统文化相结合"方面的实践与探索，最大的创获即切实做到了运用马克思主义基本原理激活中华优秀传统文化的内核，在面向实践、面向未来、面向复兴的过程中不断推动两者相结合。

首先，坚持以马克思主义基本原理作为两者结合的根本遵循。这是由马克思主义基本原理的理论品质所决定的。马克思主义立足资本主义工商业社会而诞生，是时代精神的总结；同时，马克思主义建立在对现代文明高度批判的基础之上，代表了人类最先进的思想精华。而中华优秀传统文化是农耕文明的产物，习近平总书记多次指出"我国农耕文明源远流长、

1　《习近平在中共中央政治局第三十九次集体学习时强调　把中国文明历史研究引向深入　推动增强历史自觉坚定文化自信》，《人民日报》2022 年 5 月 29 日。

2　习近平：《论党的宣传思想工作》，中央文献出版社 2020 年版，第 335 页。

博大精深，是中华优秀传统文化的根"[1]。我国很多村庄有几百年甚至上千年的历史，至今保持完整。很多风俗习惯、村规民约等具有深厚的优秀传统文化基因，至今仍然发挥着重要作用。这就决定了必须以马克思主义基本原理作为两者结合的根本遵循。

其次，"马克思主义基本原理同中华优秀传统文化相结合"的主体必须是且只能是中国共产党人。在纪念孔子诞辰 2565 周年国际学术研讨会上，习近平总书记强调："中国共产党人是马克思主义者，坚持马克思主义的科学学说，坚持和发展中国特色社会主义，但中国共产党人不是历史虚无主义者，也不是文化虚无主义者。"[2] 这实际上指明，实现"马克思主义基本原理同中华优秀传统文化相结合"，中国共产党人须在坚持马克思主义基本原理指导下，秉持着尊重历史、尊重文化的态度，去实现中华优秀传统文化的返本开新、与时偕行，从而使新时代焕发出愈加夺目的文明之光。

最后，坚持实事求是，不断丰富与发展马克思主义。无须讳言，马克思主义的源头来自西方传统的思想学说，初入中国时，缺乏本土底蕴。一代代中国共产党人在推进马克思主义中国化进程中，通过加强马克思主义基本原理同中华优秀传统文化相结合，赋予其民族气度和形式，注入其中华文明的品格与特质，让马克思主义以人民大众耳熟能详的方式浸润心田。《中共中央关于党的百年奋斗重大成就和历史经验的决议》指出："习近平新时代中国特色社会主义思想是当代中国马克思主义、二十一世纪马克思主义，是中华文化和中国精神的时代精华，实现了马克思主义中

1　《习近平在中共中央政治局第八次集体学习时强调　把乡村振兴战略作为新时代"三农"工作总抓手　促进农业全面升级农村全面进步农民全面发展》，《人民日报》2018 年 9 月 23 日。

2　习近平：《论党的宣传思想工作》，中央文献出版社 2020 年版，第 83 页。

国化新的飞跃。"[1] 其中关键因素即在于，以习近平同志为核心的党中央善于挖掘中华 5000 多年文明中的精华，弘扬优秀传统文化，把其中的精华同马克思主义立场观点方法结合起来，从而更利于坚定不移走中国特色社会主义道路。

（二）习近平新时代中国特色社会主义思想是中华文化和中国精神的时代精华

党的十八大以来，以习近平同志为核心的党中央继续推进马克思主义中国化，将马克思主义基本原理同中华优秀传统文化相结合推向了新的高度、开拓到新的宽度、挖掘至新的深度，构成了习近平新时代中国特色社会主义思想的重要组成部分。具体而言，大致包括三个方面。

第一，坚定文化自信，确立了二者在新时代结合的根本依循。党的十八大以来，习近平总书记站在历史和时代的高度，提出文化自信，并作出深刻论述："文化自信是更基础、更广泛、更深厚的自信，是一个国家、一个民族发展中最基本、最深沉、最持久的力量。"[2] 我们的中国特色社会主义文化，既具有悠长深厚的积淀和底蕴，又在马克思主义思想的指引下，于现实实践中不断进行文化创新与发展。坚定文化自信，事关国运兴衰、事关文化安全、事关民族精神独立性。这毫无疑问成为马克思主义基本原理同中华优秀传统文化相结合的立足点和着力点，也是习近平新时代中国特色社会主义思想在文化方面的主干。

第二，坚守"不忘本来、吸收外来、面向未来"，指明了二者在新时

1　本书编写组编著：《〈中共中央关于党的百年奋斗重大成就和历史经验的决议〉辅导读本》，人民出版社 2021 年版，第 38 页。

2　本书编写组编著：《〈中共中央关于党的百年奋斗重大成就和历史经验的决议〉辅导读本》，人民出版社 2021 年版，第 54 页。

代结合的重要方针。"本来"是根本、传统和历史，更是本色、底蕴与根基。不忘本来，意味着不能遗忘中华民族的立足之本、精神之源，必须通过继承创新、推陈出新和守正开新来传承弘扬中华优秀传统文化。"外来"是世界一切的优秀文明成果。吸收外来，就必须秉持以我为主、辩证取舍和洋为中用的方针，不断加强马克思主义的指导地位，持续保持中华文化活力。"未来"是指中华民族伟大复兴的光明前景。面向未来，就必须实现中华文明的高度发达、实现马克思主义所强调的"人的全面发展"，就必须用马克思主义观察时代、把握时代、引领时代，同中华优秀传统文化深入结合。

第三，坚持创造性转化、创新性发展，提供了二者在新时代结合的基本路径。党的二十大报告明确提出：推进文化自信自强，铸就社会主义文化新辉煌。该论断首先明确了我们党对中华优秀传统文化的科学态度，即其中蕴含着中华民族的文化精神、文化胸怀和文化自信，能为新时代坚持和发展中国特色社会主义提供精神支撑，从而破解长期困扰文化建设的一大难题。而切入点即对中华优秀传统文化进行创造性转化和创新性发展，毕竟"中华优秀传统文化与社会主义市场经济、民主政治、先进文化、社会治理等还存在需要协调适应的地方"[1]。其次，巩固了我们党传承发展中华优秀传统文化的既有成就。中国共产党人是马克思主义者，坚持马克思主义的科学学说，坚持和发展中国特色社会主义，同时始终是中华优秀传统文化的忠实继承者和弘扬者，百年来对传统文化的因革损益、去粗取精，既体现了文化的继承性和传承性，又体现了文化的发展性和变革性，实际上也归属于马克思主义中国化的历程中。再次，揭示了二者结合的实

1　中共中央宣传部编：《习近平总书记系列重要讲话读本》，学习出版社、人民出版社 2014 年版，第 101 页。

践路径。中华优秀传统文化是中华文明绵延不绝的源头活水，与时代同步伐，与人民共命运，关注和回答时代和实践提出的重大课题，是马克思主义永葆生机活力的奥秘所在。

五、"守正"与"创新"：百年来"马克思主义基本原理同中华优秀传统文化相结合"的两点启示

悉心梳理与回顾"马克思主义基本原理同中华优秀传统文化相结合"的百年实践历程，诚可谓逐层深入，终结硕果。放眼未来，这两大思想文化体系，当继续沿着创造性转化、创新性发展的路径，在回应时代问题的探索中，达致一种更高层次和意义上的"结合"，即创造性的"融合"。大致而言，有两方面的经验启示。

（一）坚守马克思主义指导思想之正与弘扬中华优秀传统文化之正

无论处于哪个发展阶段，马克思主义基本原理同中华优秀传统文化相结合，首须明确之关键问题，即两者结合的基本原则为何？毫无疑问，马克思主义基本原理当作为两者结合的根本依循，用马克思主义基本原理来对中华优秀传统文化进行创造性转化和创新性发展。唯其如此，才能守住指导思想之正，弘扬文明根性之正。

第一，马克思主义是科学的世界观和方法论，是共产党人改造主观世界和客观世界的理论武器，为党领导人民取得革命、建设、改革的伟大成就提供了科学理论指导。这是我们立党立国、兴党强国的根本指导思想。历史和实践以毋庸置疑的事实证明，只有马克思主义才能带领中国人民实现民族独立、人民解放和国家富强。意识形态不是脱离社会存在的虚悬之

物，而是为特定阶级服务的思想理论。很长一段时期，以儒学为核心的中国传统文化在中国古代占据着意识形态的枢纽地位，集中反映了彼时一定阶级的利益，正如毛泽东所指出的，"孔夫子是封建社会的圣人"[1]。职是之故，马克思主义在意识形态领域的指导地位越巩固，就意味着越能鉴别和激活中华优秀传统文化，就越能抵制和驳斥诸如"指导思想多元论""文化复古主义""儒化中国"等历史虚无主义思潮。历史虚无主义思潮，是一种以"重新评价"为名，否定中华文明和中国统一的多民族国家历史，歪曲中华优秀传统文化、近现代中国革命历史、党的历史和中华人民共和国历史，进而从根本上否定马克思主义指导地位和中国走向社会主义的历史必然性，否定中国共产党的领导的错误思潮。现阶段，历史虚无主义主要通过学术著述、文学作品、影视文艺作品，借助新媒体技术等在中国社会散布。在政治目的上，其有着明确的政治诉求，即颠覆马克思主义指导下形成的基本历史定论，否定四项基本原则；在认识论上，其以唯心史观为圭臬，以"还原历史真相"为外衣，以支流否定主流，以现象否定本质；在方法论上，其从对具体历史事实的选择性虚无扩大到对马克思主义的整体虚无；在立场上，其站在党、政府和人民对立面，美化历史上的反动统治阶级及其代表人物；在表现形式上，其以"学术研究"的面目出现，在"重新评价"等名目下，做翻案文章，设置"理论陷阱"；在传播途径上，其充分利用报纸、杂志、网络、新媒体等多种传播介质；在国际背景上，其与境外反动势力相策应，与国际政治斗争形势紧密联系在一起。面临如上挑战，单单依靠中国历史与文化是不足以正本清源、纠偏匡谬的，必须要在正确的科学理论体系引领下来辩证回击、拨云见日，可见马克思主义基本原理的指导意义始终无可替代。

---

1 《毛泽东文集》第二卷，人民出版社 1993 年版，第 43 页。

第二，中华优秀传统文化是中华民族的"根"和"魂"，是中华民族的精神命脉、文化精髓和独特优势。习近平总书记在 2022 年 5 月 27 日十九届中央政治局第三十九次集体学习时强调："中华文明源远流长、博大精深，是中华民族独特的精神标识，是当代中国文化的根基，是维系全世界华人的精神纽带，也是中国文化创新的宝藏。"[1] 这是党中央首次从四个方面对中华文明给予概括，既体现了一直以来的基本观点，同时又赋予其新的内涵。"独特的精神标识"意在凸显中华文明的象征意义。其蕴含的思想观念、人文精神、道德规范，形塑了中国人思想和精神的内核，构筑了中国人看待世界、看待社会、看待人生的独特价值体系、文化内涵和精神品质，这是我们区别于其他国家和民族的根本特征，也铸就了中华民族博采众长的文化自信。"当代中国文化的根基"贵在强调中华文明本源作用。无论是坚持马克思主义的根本指导思想，还是传承弘扬革命文化，发展社会主义先进文化，皆须从中华优秀传统文化中寻找源头活水，其所深蕴的文化传统，早已形成了富有特色的思想体系，体现了中国人几千年来积累的知识智慧和理性思辨，这是我国的独特优势，是我们在世界文化激荡中站稳脚跟、屹立不倒之本。"维系全世界华人的精神纽带"重在体现中华文明的深沉影响。它是根植在全球华人内心深处共同的精神财富，好比"根"和"魂"一般，是我们血脉相连、心灵契合的文化基因，共同的精神家园。人与人之间的交流，最重要的是心灵沟通。全世界华人要以心相交、尊重差异、增进理解，不断增强文化认同，所凭依的唯有不言自明的中华文明。"中国文化创新的宝藏"要在倡扬中华文明的永恒活力。弘扬中华优秀传统文化，要处理好继承和创造性发展的关系，重点做好创造

1　《习近平在中共中央政治局第三十九次集体学习时强调　把中国文明历史研究引向深入　推动增强历史自觉坚定文化自信》，《人民日报》2022 年 5 月 29 日。

性转化和创新性发展。习近平总书记还指出："中华优秀传统文化是中华文明的智慧结晶和精华所在，是中华民族的根和魂，是我们在世界文化激荡中站稳脚跟的根基。我们坚持把马克思主义基本原理同中国具体实际相结合、同中华优秀传统文化相结合，不断推动马克思主义中国化时代化，推进了中华优秀传统文化创造性转化、创新性发展。"[1] 要坚持守正创新，推动中华优秀传统文化同社会主义社会相适应，展示中华民族的独特精神标识，更好构筑中国精神、中国价值、中国力量。于上可见，在这样一个古老国度里进行前无古人的社会主义现代化建设，理所当然要重视汲取采撷中华优秀传统文化的精华，使之焕发新的生机和活力。只有这样，我们方可以中华优秀传统文化丰富和涵养马克思主义，使之深深植根于中华文化的沃土中，使那些融入中华民族精神血脉的理想信念、价值理念、道德观念同马克思主义立场、观点和方法相结合，进而生成具有鲜明民族特色、强大凝聚力和引领力的马克思主义，转化为实现中华民族伟大复兴的指导理论和价值遵循。

（二）在更高层面与更深层次推进创造性转化和创新性发展

在担负新时代的文化使命之视域下，我们不难窥知，创造性转化和创新性发展一脉相承、不离正轨的理论立足点是马克思主义基本原理，前后相继、相互奥援的贯通点是中华优秀传统文化。置身于第二个百年的新征程中，无论是不断开辟马克思主义中国化时代化新境界，还是持续铸就社会主义文化新辉煌，皆需要从更高层面与更深层次推进创造性转化和创新性发展。这启示我们要更加精准地把握"两创"与"第二个结

---

[1] 《习近平在中共中央政治局第三十九次集体学习时强调　把中国文明历史研究引向深入　推动增强历史自觉坚定文化自信》，《人民日报》2022 年 5 月 29 日。

合"的关系。

首先,"两创"是新时代中国共产党进行文化发展创造的基本路径。2013 年 12 月 30 日,习近平总书记在十八届中央政治局第十二次集体学习时首次提出"创造性转化、创新性发展"的命题,之后在 2014 年 9 月 24 日的纪念孔子诞辰 2565 周年国际学术研讨会、2016 年 5 月 17 日的哲学社会科学座谈会等场合又多次予以着重强调与延伸。从中华传统美德到中华文化再到中华文明,"两创"不仅适用于具体的传统文化的现代转化问题,而且适用于中华文化、中华文明的现代转化问题以及马克思主义基本原理同中华优秀传统文化相结合的重大议题,逐渐升格为一种具有普遍意义的路径,须久久坚持,不断拓展。

其次,"第二个结合"为"两创"走向深入提供了明确的推进方向与理论基础。随着新时代十年伟大文化变革的推进,党中央对中华优秀传统文化和中华文明创造性转化和创新性发展的力度、广度、深度亦愈益加大,在此基础上明确提出"马克思主义基本原理同中华优秀传统文化相结合"便水到渠成、势所必然。循此逻辑,我们可以判断,"第二个结合"本身就涵括于"两创"之中,是"两创"的题中应有之义;与此同时,"第二个结合"又突破了"两创"的预设范畴,"两创"经由"第二个结合"势必扩展到道路、理论、制度等方面,不再局限于文化一域。换言之,作为马克思主义中国化时代化的重要内容,"第二个结合"反过来又为"两创"提供了正确的推进方向和理论基础。把握住此点启示,我们就能有意识地理解"第二个结合"的战略高度,即将中华优秀传统文化置于更高更深更宏大的中华民族伟大复兴的维度进行重新审视,从而拓展"两创"的历史、理论与实践逻辑。

最后,由"第二个结合"引领驱动下的创造性转化、创新性发展必须秉持人民立场,注重推广践行。"人民性是马克思主义的本质属性,党的理论是来自人民、为了人民、造福人民的理论，人民的创造性实践是理论创新的不竭源泉。一切脱离人民的理论都是苍白无力的，一切不为人民造福的理论都是没有生命力的。"[1] 这要求我们今后在进行具体结合探索时务必把握人民愿望、尊重人民创造、集中人民智慧，形成为人民所喜爱、所认同、所拥有的理论。同时，要通过民族形式、日常话语将最新理论转化为广大人民日用不觉且喜闻乐见的内容加以呈现，就如同我们党对"矛盾""小康""与时俱进""和谐发展"等词汇的返本开新式诠释一样，当在落细、落小、落实上下足功夫，实现最大的宣传效果。

百余年来，中国共产党推进马克思主义中国化时代化不断取得成功，从毛泽东开创性地将马克思主义基本原理同中华优秀传统文化进行深相结合，到中国特色社会主义理论体系拓宽了马克思主义基本原理同中华优秀传统文化相结合的宽度和广度，再到习近平新时代中国特色社会主义思想全面实现了马克思主义基本原理同中华优秀传统文化创造性转化、创新性发展，形成中国化马克思主义、21 世纪马克思主义。理论创新之成就，可谓硕果累累且来之不易。在第二个百年的新征程上，我们当始终洞察时代风云，把握时代大势，站在人类发展前沿，积极探索关系人类前途命运的重大问题，继续推进马克思主义基本原理同中华优秀传统文化相结合，久久为功，期有大成，为应对当今世界全球性挑战、解决人类面临的共性问题贡献中国智慧、中国方案、中国力量。

1　习近平：《高举中国特色社会主义伟大旗帜　为全面建设社会主义现代化国家而团结奋斗——在中国共产党第二十次全国代表大会上的报告》，人民出版社 2022 年版，第 19 页。

第八章

"第二个结合"的涵育历程、内在逻辑与核心要义
——以文化传承发展座谈会讲话精神为中心的考察

2023 年 6 月 2 日，党中央召开文化传承发展座谈会，习近平总书记出席并发表重要讲话。悉心梳理与把握讲话精神，我们可以明显体会到，习近平总书记所讲的三个重要问题，是一脉相承、层层递进的体系：中华文明的突出特性是开辟和发展中国特色社会主义的深厚基础，"两个结合"特别是马克思主义基本原理同中华优秀传统文化相结合是中国共产党对马克思主义中国化时代化历史经验的深刻总结，党的十八大以来党中央提出的一系列关于文化建设的新思想新观点新论断（因讲话中列举了十四个方面，故下文表述时简称"十四个强调"）是新时代党领导社会主义文化建设实践经验的理论总结。正如习近平总书记所指出的，"只有全面深入了解中华文明的历史，才能更有效地推动中华优秀传统文化创造性转化、创新性发展，更有力地推进中国特色社会主义文化建设"[1]，才能有条不紊地完成新时代的文化使命这一立意高远、规模宏大的未来重任。

进而言之，就先后次序而言，"第二个结合"这一命题处于承前启后

---

1 习近平：《在文化传承发展座谈会上的讲话》，人民出版社 2023 年版，第 1 页。

之位。中华文明的五大突出特性是我们有效推进"第二个结合"的重要切入点，"十四个强调"是我们持续推进"第二个结合"的理论结晶。就理论意涵而言，"第二个结合"是深刻把握中华文明的理论工具，也是做好宣传思想文化领域诸工作的经验遵循，其重大意义自不待言。同时，在此次座谈会上，党中央首次就"第二个结合"的丰富内涵、逻辑关联等问题给出了明确而深邃的阐释。想要全面领会文化传承发展座谈会讲话精神，围绕马克思主义基本原理同中华优秀传统文化相结合的涵育历程、内在逻辑与核心要义深加探讨，无疑是首要任务。换言之，悟透"第二个结合"的相关问题，方可提纲挈领地把握建设社会主义文化强国的大势所在。

一、"第二个结合"的涵育历程

"如果没有中华五千年文明，哪里有什么中国特色？如果不是中国特色，哪有我们今天这么成功的中国特色社会主义道路？"[1] 仔细回顾新时代十年"第二个结合"涵育的全过程，更能让我们深刻认识该论断之深意所在。

（一）从"创造性转化、创新性发展"到"有机结合"

习近平总书记在 2023 年 6 月 30 日二十届中央政治局第六次集体学习时强调："马克思主义中国化时代化这个重大命题本身就决定，我们决不

---

[1] 《习近平考察朱熹园谈文化自信：没有中华五千年文明，哪有我们今天的成功道路》，新华社"新华视点"微博，2021 年 3 月 23 日。

能抛弃马克思主义这个魂脉，决不能抛弃中华优秀传统文化这个根脉。坚守好这个魂和根，是理论创新的基础和前提。理论创新必须讲新话，但不能丢了老祖宗，数典忘祖就等于割断了魂脉和根脉，最终会犯失去魂脉和根脉的颠覆性错误。"理论创新"要注重从人民群众的创造中汲取理论创新智慧……人民的创造性实践是马克思主义理论创新的不竭源泉。人民作为历史的创造者，不仅是物质财富的创造者，也是精神财富的创造者。马克思主义中国化时代化成果，都是党和人民实践经验和集体智慧的结晶"[1]。回溯"第二个结合"的一步步提出过程，即可作如是观。

先须返本，方可开新。如何让5000多年绵延不绝、深厚博大的中华文明在新的时代与时俱进、重现荣光，如何使马克思主义在新的时代局势中愈发成为"中国的"，被赋予日益鲜明的中国风格与中国气派？党的十八大以来，党中央对该问题念兹在兹，极度关注。上任伊始，习近平总书记就强调："在历史进程中凝聚下来的优秀文化传统，决不会随着时间推移而变成落后的东西。我们决不可抛弃中华民族的优秀文化传统，恰恰相反，我们要很好传承和弘扬，因为这是我们民族的'根'和'魂'，丢了这个'根'和'魂'，就没有根基了。"[2]正是秉此立场，习近平总书记在2013年山东考察时开宗明义："一个国家、一个民族的强盛，总是以文化兴盛为支撑的，中华民族伟大复兴需要以中华文化发展繁荣为条件。"[3]该重要论断，不仅点明了文化建设于中华民族伟大复兴进程中应发挥固本

1　《习近平在中共中央政治局第六次集体学习时强调　不断深化对党的理论创新的规律性认识　在新时代新征程上取得更为丰硕的理论创新成果》，《人民日报》2023年7月2日。

2　中共中央党史和文献研究院编：《习近平关于社会主义精神文明建设论述摘编》，中央文献出版社2022年版，第209页。

3　中共中央文献研究室编：《习近平关于社会主义文化建设论述摘编》，中央文献出版社2017年版，第3—4页。

铸魂之关键作用，同时也预示着"坚持古为今用，去粗取精、去伪存真，继承和弘扬中华优秀传统文化"[1] 将成为未来一项重要工作。

如何实现对中华优秀传统文化之继承与弘扬？基于地方考察调研之收获，习近平总书记给出了答案：创造性转化、创新性发展。"两创"逐渐升级为新时代中国共产党进行文化传承发展的基本路径。2013年12月30日，习近平总书记在十八届中央政治局第十二次集体学习时指出，"在去粗取精、去伪存真的基础上，坚持古为今用、推陈出新，努力实现中华传统美德的创造性转化、创新性发展"[2]。2014年2月24日，在十八届中央政治局第十三次集体学习时，习近平总书记特意揭示了"两创"的具体内涵。2014年9月24日，在纪念孔子诞辰2565周年国际学术研讨会上，习近平总书记强调，"要坚持古为今用、以古鉴今，坚持有鉴别的对待、有扬弃的继承，而不能搞厚古薄今、以古非今，努力实现传统文化的创造性转化、创新性发展"[3]。2016年5月17日，在哲学社会科学座谈会上，习近平总书记又强调："要推动中华文明创造性转化、创新性发展，激活其生命力，让中华文明同各国人民创造的多彩文明一道，为人类提供正确精神指引。"[4] 到了党的十九大，党中央正式将"创造性转化、创新性发展"写入大会报告的"坚定文化自信，推动社会主义文化繁荣兴盛"部分之中，[5] 意味着这一理论与实践路径趋于成熟。

与"两创"同步共时，马克思主义中国化时代化也进入愈加深化的阶

1　中共中央党史和文献研究院编：《习近平关于社会主义精神文明建设论述摘编》，中央文献出版社2022年版，第210页。

2　中共中央文献研究室编：《习近平关于社会主义文化建设论述摘编》，中央文献出版社2017年版，第138页。

3　《习近平谈治国理政》第二卷，外文出版社2017年版，第313页。

4　习近平：《论党的宣传思想工作》，中央文献出版社2020年版，第228页。

5　《习近平著作选读》第二卷，人民出版社2023年版，第34页。

段,[1] 其与中华优秀传统文化的内在深刻关系问题日益凸显。2013 年 12 月 3 日,在十八届中央政治局第十一次集体学习时,围绕恩格斯《在马克思墓前的讲话》中所揭示出的历史唯物主义基本内涵,习近平总书记指出:"中国古人说的'民以食为天'、'仓廪实则知礼节,衣食足则知荣辱'等,也包含着这样的朴素唯物思想。"[2] 2014 年 10 月 13 日,在十八届中央政治局第十八次集体学习时,习近平总书记强调:"数千年来,中华民族走着一条不同于其他国家和民族的文明发展道路。我们开辟了中国特色社会主义道路不是偶然的,是我国历史传承和文化传统决定的。"[3] 这无疑揭示出中华优秀传统文化之于中国特色社会主义的关键性所在。其后,习近平总书记分别在 2015 年全国党校工作会议上和 2018 年参加十三届全国人大一次会议重庆代表团审议时提出了"共产党人的'心学'"和"领导干部要讲政德"的主张,体现了党中央有意识地将中华优秀传统文化中所蕴含的思想道德精髓与马克思主义政党所强调的党性修养进行当代的内在结合。2016 年 5 月 17 日,在哲学社会科学座谈会上,习近平总书记给出了一条极为重要的论断,即"马克思主义进入中国,既引发了中华文明深刻变革,也走过了一个逐步中国化的过程"[4]。这提示马克思主义与中华文明在百年历程中彼此互化的情形值得深入探讨。习近平总书记还指出中国特色哲学社会科学"要善于融通古今中外各种资源",特别是"马克思主义的资源""中华优秀传统文化的资源"和"国外哲学社会科学的资源","要

1　此处需要稍加解释的是,就理论创新而言,马克思主义中国化时代化与"第二个结合"实际上是同一个过程,为了便于探讨的展开,本章将二者分两头表述。

2　习近平:《论党的宣传思想工作》,中央文献出版社 2020 年版,第 33 页。

3　习近平:《论党的宣传思想工作》,中央文献出版社 2020 年版,第 90 页。

4　习近平:《论党的宣传思想工作》,中央文献出版社 2020 年版,第 220 页。

坚持不忘本来、吸收外来、面向未来"[1]，提出了学界当竭力融通马克思主义与中华优秀传统文化、国外哲学社会科学资源的更高要求，意味着党中央希冀破解近代以来缠绕已久的"古今中西之争"的期许。之后，党中央对有关问题的说法更为清晰。2018年5月4日，在纪念马克思诞辰200周年大会上，习近平总书记指出："社会主义并没有定于一尊、一成不变的套路，只有把科学社会主义基本原则同本国具体实际、历史文化传统、时代要求紧密结合起来，在实践中不断探索总结，才能把蓝图变为美好现实"[2]，实际上点明了马克思主义同中华优秀传统文化相结合的必要性。2019年10月31日，在党的十九届四中全会第二次全体会议上，习近平总书记明确提出："马克思主义传入中国后，科学社会主义的主张受到中国人民热烈欢迎，并最终扎根中国大地、开花结果，决不是偶然的，而是同我国传承了几千年的优秀历史文化和广大人民日用而不觉的价值观念融通的。"[3] 这无疑揭示出"第二个结合"的可能性和契合性。2020年9月28日，习近平总书记在十九届中央政治局第二十三次集体学习时强调："当今中国正经历广泛而深刻的社会变革，也正进行着坚持和发展中国特色社会主义的伟大实践创新。我们的实践创新必须建立在历史发展规律之上，必须行进在历史正确方向之上"[4]，进一步明确了发展中国特色社会主义必须置于宏阔长远的中国历史文化图景之中。到2021年3月22日，在福建武夷山市朱熹园考察时，习近平总书记明确表示："我们要特别重视

1　习近平：《论党的宣传思想工作》，中央文献出版社2020年版，第227页。

2　习近平：《论党的宣传思想工作》，中央文献出版社2020年版，第335页。

3　《习近平著作选读》第二卷，人民出版社2023年版，第278页。

4　《习近平在中共中央政治局第二十三次集体学习时强调　建设中国特色中国风格中国气派的考古学　更好认识源远流长博大精深的中华文明》，《人民日报》2020年9月30日。

挖掘中华五千年文明中的精华，弘扬优秀传统文化，把其中的精华同马克思主义立场观点方法结合起来，坚定不移走中国特色社会主义道路。"[1] 也正是在此次考察中，习近平总书记还提出了"要把坚持马克思主义同弘扬中华优秀传统文化有机结合起来"[2] 的论断。"有机结合"的说法，实际上已经触及"第二个结合"的最终形式与践行路径层面，亦预示着理论创新的重大成果呼之欲出。

（二）由"贯通、融通"到"五层内涵"

久久为功，终结硕果。2021 年 7 月 1 日，在庆祝中国共产党成立 100 周年大会上，习近平总书记首次提出"两个结合"的重大理论命题，即"坚持把马克思主义基本原理同中国具体实际相结合、同中华优秀传统文化相结合，用马克思主义观察时代、把握时代、引领时代，继续发展当代中国马克思主义、二十一世纪马克思主义！"[3] 这意味着，我们党在长期坚持"把马克思主义基本原理同中国具体实际相结合"的基础上，经过实事求是的探索，又提出了"同中华优秀传统文化相结合"这一重要论断。

2021 年 11 月，党的十九届六中全会通过的《中共中央关于党的百年奋斗重大成就和历史经验的决议》指出："以习近平同志为主要代表的中国共产党人，坚持把马克思主义基本原理同中国具体实际相结合、同中华优秀传统文化相结合……习近平新时代中国特色社会主义思想是当代中

---

1 《习近平考察朱熹园谈文化自信：没有中华五千年文明，哪有我们今天的成功道路》，新华社"新华视点"微博，2021 年 3 月 23 日。

2 《习近平在福建考察时强调　在服务和融入新发展格局上展现更大作为　奋力谱写全面建设社会主义现代化国家福建篇章》，《人民日报》2021 年 3 月 26 日。

3 《习近平著作选读》第二卷，人民出版社 2023 年版，第 483 页。

国马克思主义、二十一世纪马克思主义，是中华文化和中国精神的时代精华，实现了马克思主义中国化新的飞跃。"[1]该论断，一方面突出强调了习近平新时代中国特色社会主义思想不仅是马克思主义基本原理同中国具体实际相结合的产物，还是同中华优秀传统文化相结合的产物；另一方面也明确揭示出习近平新时代中国特色社会主义思想之所以实现了马克思主义中国化新的飞跃，关键因素之一在于其源源不断地从中华文化中汲取精华且加以现代转化，从中国精神中提取精髓并进行当代创新，实现了与马克思主义的有机结合。2022 年 5 月 27 日，在十九届中央政治局第三十九次集体学习时，习近平总书记站在中华文明赓续发展的高度，强调"中华优秀传统文化是中华文明的智慧结晶和精华所在，是中华民族的根和魂，是我们在世界文化激荡中站稳脚跟的根基。我们坚持把马克思主义基本原理同中国具体实际相结合、同中华优秀传统文化相结合，不断推进马克思主义中国化时代化，推动了中华优秀传统文化创造性转化、创新性发展。要坚持守正创新，推动中华优秀传统文化同社会主义社会相适应，展示中华民族的独特精神标识，更好构筑中国精神、中国价值、中国力量。"[2]这段话明确了"第二个结合"的基本方法论，即坚持"守正出新"。申言之，守正，坚守马克思主义在意识形态领域指导地位的根本制度，坚守中国共产党的文化领导权和中华民族的文化主体性；创新，创制新思路、新话语、新机制、新形式，要在马克思主义指导下真正做到古为今用、洋为中用，实现传统与现代的有机融合。

在党的二十大报告中，党中央对"第二个结合"有了更为明晰深刻的

---

　　1 《中共中央关于党的百年奋斗重大成就和历史经验的决议》，《人民日报》2021 年 11 月 17 日。

　　2 中共中央党史和文献研究院编：《习近平关于社会主义精神文明建设论述摘编》，中央文献出版社 2022 年版，第 236 页。

说明与阐释。报告指出："中国共产党人深刻认识到，只有把马克思主义基本原理同中国具体实际相结合、同中华优秀传统文化相结合，坚持运用辩证唯物主义和历史唯物主义，才能正确回答时代和实践提出的重大问题，才能始终保持马克思主义的蓬勃生机和旺盛活力。"这一重大论断精辟阐述了"两个结合"的深刻内涵和重大意义，为党在新时代新征程上坚持"两个结合"、推进理论创新指明了原则路径，提出了更高要求。与此同时，就有待继续破题的"第二个结合"，报告首先写道："坚持和发展马克思主义，必须同中华优秀传统文化相结合。只有植根本国、本民族历史文化沃土，马克思主义真理之树才能根深叶茂。"这再次重申了"第二个结合"的重要性与必然性。接着报告指出："中华优秀传统文化源远流长、博大精深，是中华文明的智慧结晶，其中蕴含的天下为公、民为邦本、为政以德、革故鼎新、任人唯贤、天人合一、自强不息、厚德载物、讲信修睦、亲仁善邻等，是中国人民在长期生产生活中积累的宇宙观、天下观、社会观、道德观的重要体现，同科学社会主义价值观主张具有高度契合性。"这无疑证明"高度契合性"就意味着马克思主义基本原理同中华优秀传统文化相结合的可能性与具体切入点。最后，报告强调："我们必须坚定历史自信、文化自信，坚持古为今用、推陈出新，把马克思主义思想精髓同中华优秀传统文化精华贯通起来、同人民群众日用而不觉的共同价值观念融通起来，不断赋予科学理论鲜明的中国特色，不断夯实马克思主义中国化时代化的历史基础和群众基础，让马克思主义在中国牢牢扎根。"这指明了"第二个结合"的方法论，即贯通与融通。所谓"贯通"，更多对应于马克思主义的中国化。具体指将马克思主义科学体系中所囊括的基本理论、核心观点、重点概念同中华优秀传统文化中所蕴含的思想观念、人文精神、道德规范进行有机结合，从而实现科学真理与文化根脉的水乳交融。所谓"融通"，则更多侧重于马克思主义的时代化和大众化。不仅要打通马克思主义价值理念与当代中国人价值观念的关联，还需接续古今，充分挖掘具有农耕特质、民族特色、地域特点的物质文化遗产和非物质文化遗产，把保护传承和开发利用有机结合起来，把我国农耕文明优秀遗产和现代文明要素结合起来，赋予新的时代内涵，让中华优秀传统文化生生不息，让我国历史悠久的农耕文明在新时代展现其魅力和风采，从而实现中华文明从传统到现代的整体性跨越。综观如上重大论断，可见"第二个结合"是对党的理论的又一重大创新，开创了我们党理论创新的新格局。这是对历史的深刻总结，是对规律的深刻揭示，也是对未来理论发展的正确引领，代表了中国共产党人新的觉悟、新的认识高度，也体现了我们中国共产党和中国人民强烈的文化自信与文化自觉。[1]

党的二十大报告关于"第二个结合"的重大论断提出后不久，习近平总书记又在 2022 年 10 月 28 日考察河南安阳殷墟遗址时指出："这次来是想更深地学习理解中华文明，古为今用……中华优秀传统文化是我们党创新理论的'根'，我们推进马克思主义中国化时代化的根本途径是'两个结合'。"[2] 这一重要论述将"两个结合"尤其是"第二个结合"的重要作用又推进了一层。之后，党中央对这一命题高度重视，正如习近平总书记在文化传承发展座谈会上讲的："这段时间，我一直在思考推进中国特色社会主义文化建设……这个重大问题，这也是召开这次座谈会的原因。"[3] 可见，"第二个结合"作为如此重大的理论和实践命题，为立足新

　　1　张研、董博婷：《"夺取新时代中国特色社会主义新胜利的政治宣言和行动纲领"——中共中央举行新闻发布会解读党的二十大报告》，《人民日报》2022 年10 月 25 日。

　　2　《习近平在陕西延安和河南安阳考察时强调　全面推进乡村振兴　为实现农业农村现代化而不懈奋斗》，《人民日报》2022 年 10 月 29 日。

　　3　习近平：《在文化传承发展座谈会上的讲话》，人民出版社 2023 年版，第1—2 页。

的历史起点进行中国特色社会主义文化建设指明了方向。更需注意的是，习近平总书记在讲话中紧扣"第二个结合"的涵育过程、内在逻辑与核心要义，从五个方面进行了全面深刻的阐释。简言之，在马克思主义基本原理同中华优秀传统文化相结合的复杂理论逻辑体系中，"彼此契合"是前提条件，"互相成就"明确了最终成果，"筑牢了道路根基"指明了行进方向，"又一次的思想解放"意味着理论和制度创新空间的极大扩容，"巩固了文化主体性"印证了习近平新时代中国特色社会主义思想的决定性意义。

要之，从"创造性转化、创新性发展"到"有机结合"，由"贯通、融通"到"五层内涵"，新时代以来，党中央涵育"第二个结合"的过程历历可见，脉络至为清晰，终于在文化传承发展座谈会上瓜熟蒂落、水到渠成。

二、"第二个结合"的内在逻辑

习近平总书记在讲话中强调："在五千多年中华文明深厚基础上开辟和发展中国特色社会主义，把马克思主义基本原理同中国具体实际、同中华优秀传统文化相结合是必由之路。"[1] 这是中国共产党在探索中国特色社会主义道路中得出的规律性认识，也提示我们只有立足波澜壮阔的中华5000多年文明史，才能真正理解中国道路的历史必然、文化内涵与独特优势。因此，除了梳理"第二个结合"的涵育过程，还需从文明演进与交融、理论创新与构建的宏阔视野把握其内在逻辑。

1　习近平：《在文化传承发展座谈会上的讲话》，人民出版社 2023 年版，第 5 页。

（一）中华文明自我演进的结果

中华文明是世界上唯一自古延续至今、从未中断的文明。其源远流长、博大精深，是中华民族独特的精神标识，是当代中国文化的根基，是维系全世界华人的精神纽带，也是中国文化创新的宝藏。[1] 在漫长的历史进程中，中华民族以自强不息的决心和意志，筚路蓝缕，跋山涉水，走过了不同于世界其他文明体的发展历程。肇因于此，作为中华文明智慧结晶和精华的中华优秀传统文化，蕴含着很多重要元素，比如，天下为公、天下大同的社会理想，民为邦本、为政以德的治理思想，九州同贯、多元一体的大一统传统，修齐治平、兴亡有责的家国情怀，厚德载物、明德弘道的精神追求，富民厚生、义利兼顾的经济伦理，天人合一、万物并育的生态理念，实事求是、知行合一的哲学思想，执两用中、守中致和的思维方法，讲信修睦、亲仁善邻的交往之道等，诸多宝贵元素历久弥新，共同塑造出中华文明的五大突出特性。

毫无疑问，中华文明拥有着丰富多样的特性，自不当仅限于此五个方面。然体味讲话的具体语境，不难窥知党中央对深刻把握中华文明的突出特性的立意大致有三。其一，五大突出特性是理解中华文明发展规律的关键指标。在讲话中，习近平总书记特意用了五个"从根本上决定了"来说明突出特性至为重要的作用。如中华文明突出的连续性，从根本上决定了中华民族必然走自己的路；中华文明突出的创新性，从根本上决定了中华民族守正不守旧、尊古不复古的进取精神，决定了中华民族不惧新挑战、勇于接受新事物的无畏品格；中华文明突出的统一性，从根本上决定了中

1　习近平：《把中国文明历史研究引向深入　增强历史自觉坚定文化自信》，《求是》2022 年第 14 期。

华民族各民族文化融为一体、即使遭遇重大挫折也牢固凝聚，决定了国土不可分、国家不可乱、民族不可散、文明不可断的共同信念，决定了国家统一永远是中国核心利益的核心，决定了一个坚强统一的国家是各族人民的命运所系；中华文明突出的包容性，从根本上决定了中华民族交往交流交融的历史取向，决定了中国各宗教信仰多元并存的和谐格局，决定了中华文化对世界文明兼收并蓄的开放胸怀；中华文明突出的和平性，从根本上决定了中国始终是世界和平的建设者、全球发展的贡献者、国际秩序的维护者。[1] 如此可知，较之其他诸多特性，五大突出特性是从根本上决定中华文明本质根性与历史走向的最内在属性。其二，五大突出特性彼此间不是平面区隔的关系，而是立体有机的特质网络，需要从整体上加以把握。[2] 比如，"源远流长的历史连续性"是我们认识中国的时间依据，"国土不可分、国家不可乱、民族不可散、文明不可断的共同信念"是我们辨识文明的空间坐标。"统一性"与"连续性"内在同构。只有在足够长久的时间周期内，在足够广袤的空间疆域中，众多民族才能充分地交往交流交融。"守正不守旧、尊古不复古的进取精神"是推进文明更新的动力，"兼收并蓄的开放胸怀"是拓展文明内蕴的路径。一言以蔽之，这五大突出特性，就如同蕴藏于生命体中的基因一般，既各具特色，又内在聚合成理念体系。其三，五大突出特性是深入推进"第二个结合"的有效切入点。我们细细体会习近平总书记在阐释突出特性时反复强调"从根本上决定了"，尚有另一层深意，即在于"第二个结合"是深刻把握中华文明发展规律而形成的理论结晶。这意味着我们需要更加全面深入了解中华文明，继续推

---

1 习近平：《在文化传承发展座谈会上的讲话》，人民出版社 2023 年版，第2—4 页。

2 参见王学斌：《整体把握中华文明的突出特性》，《大众日报》2023 年 6 月13 日。

进马克思主义基本原理同中华优秀传统文化相结合，务必将探寻高度契合性作为聚焦点，将造就一个有机统一的新的文化生命体作为创生点，将筑牢中国特色社会主义的道路根基作为立足点，将经由又一次的思想解放而探索面向未来的理论和制度创新作为着力点，将巩固文化主体性作为关键点。

如此审视，不难理解"第二个结合"是中华文明自我演进到今天的必然结果，亦是中国特色社会主义持续发展的必由之路。

（二）数百年中西文化交融的善果

"第二个结合"的提出，不单是中华民族所立身之文明演进使然，也是数百年间中西文化交融的"历史必然"。

马克思主义遇到中华文明，中华文明接受马克思主义，这一进程有着极为深邃的历史背景。换言之，马克思主义在中国落地生根与马克思主义中国化时代化的不断深入，是中国社会数百年大变迁、中国历史文化传统特别是占据主流的文化进行转型的应然和必然之果。其时间断限可追溯至明末清初中西文明初遇之际，400 多年来中华文明与西方文明之互动、会通、交锋乃至融合，最终达致最高阶段而生成了中国化的马克思主义这一理论形态和思想成果。

从马克思主义中国化的角度来审视该过程，我们知道马克思主义是从深厚的欧洲文化积累中脱颖而出的，可以说它直接或间接吸收了包括中华文明在内的全人类一切思想和文化的优秀养分，是携带着由全人类集成的千年智慧进入东方的，中华文明没有理由拒斥这等优质的思想文化系统。倘从中华文明吸纳马克思主义的角度来看，正是由于数百年间中西文化的动态互动，形成了一整套"格义"与"反向格义"、"西学中源"与"中体西用"、"援中释西"与"援西入中"等阐释模式与理解态度。同时，揆诸中西文明交流初期的事实，中国文化传入西方之后对近代欧洲的影响大于西方文化传入中国后所引起的波澜，"东学西渐"的情形我们可以概括为"反向中国化"。中国文化元素进入欧洲思想界，是通过德、法、英三国著名学人而实现的："一条是由莱布尼兹经由培尔到休谟，另一条则是由魁奈经过亚当·斯密到休谟。"[1] 此潮流其后渐趋流行，乃至斯宾诺莎、黑格尔、费希特、马克思都迈不过中国思想的门槛，中国文化在他们的学术资源谱系中留下了或浅或深、或隐或现的痕迹。这一客观的历史境遇带来了西方世界长达 100 多年的"中国热"及西方近代"理性泛神论"的出现。这无疑说明"第二个结合"虽然实际发生在中国共产党创立后，但其所依凭的某些解释工具与惯习绝不仅限于百年。进而言之，无论是马克思主义，抑或中华文明，都经历着 400 多年中西思想文化大变局的同频共振。马克思主义中国化时代化，是这一幕文明合奏大戏的高潮，代表着由传统的儒家文化为主流的农耕文明向中国式现代化文化形态的转变。"第二个结合"就是这一洪钟大吕般的"宏大叙事"所创造出的理论善果。

（三）中国共产党理论与制度创新的硕果

恩格斯指出："一个民族要想站在科学的最高峰，就一刻也不能没有理论思维。"中华民族要实现伟大复兴，一刻不能没有理论思维。马克思主义始终是我们党和国家的指导思想，是我们认识世界、把握规律、追求真理、改造世界的强大思想武器。回顾党的百年奋斗史，我们党之所以能够在革命、建设、改革各个历史时期取得重大成就，能够领导人民完成中国其他政治力量不可能完成的艰巨任务，根本在于掌握了马克思主义科学

1　［美］N.P. 雅克布逊：《休谟哲学可能受东方影响》，《中国哲学史研究》1986 年第 1 期。

理论，并不断结合新的实际推进理论创新，取得了毛泽东思想、邓小平理论、"三个代表"重要思想、科学发展观、习近平新时代中国特色社会主义思想等重大理论成果，始终坚持解放思想、实事求是、与时俱进、求真务实，使马克思主义在中国焕发出强大生命力，使党掌握了强大的真理力量。中国共产党为什么能，中国特色社会主义为什么好，归根到底是马克思主义行，是中国化时代化的马克思主义行。这是历史的结论。我们要不断深化对党的理论创新的规律性认识，在新时代新征程上取得更为丰硕的理论创新成果。

在具体的理论和制度创新过程中，马克思主义基本原理同中华优秀传统文化双向互动，深相结合。例如，毛泽东在《实践论》中，既总结了中国革命的实践经验，又深入推进了中国传统哲学中的"知行"学说，提出了"实践—认识—再实践—再认识"的知行统一观点。在《矛盾论》中，毛泽东运用中国传统文化中的"矛盾""相反相成"等概念范畴来阐释唯物辩证法，既展现了马克思主义辩证法的基本内涵，又带着鲜明的中国智慧与中国风格，从而实现了马克思主义辩证法与中国文化思想精髓的深度结合。再如，中国传统文化里的基本概念"实事求是"，经过毛泽东天才式的创造性解释，由中国传统哲学中融世界观、方法论和价值观于一体的命题，跃升为具备中国风格、中国气派的马克思主义中国化的核心议题，马克思主义基本原理与中华优秀传统文化借由"实事求是"完成了高度的会通与交融。改革开放初期，邓小平坚持实事求是的思想路线，采用中国传统文化中"和生万物""和而不同"的理念，突破了过往二元对立的思维模式，提出了"和平统一、一国两制"的伟大构想。[1]对于中国式现代化之阶段划分，邓小平运用唯物史观，以历史与逻辑相

---

[1]　张允熠：《四百年中国思想文化之大变局》，商务印书馆2021年版，第4—5页。

统一，紧密地将"国情""世情"与传统文化相结合，从不同视角赋予传统思想中的"小康"概念以多重崭新的意涵。"全面实现小康社会"目标的提出，既有着对传统小康思想的扬弃、吸纳和创造性转化，同时更是一种整体性超越和创新性发展，将这一概念上升为现代中国的重要符号与国家话语。

党的十八大以来，以习近平同志为核心的党中央继承了我们党理论和制度创新的优良传统与核心理念，在坚持马克思主义指导地位的同时，不断凸显中华文化的主体性意义，"独特的文化传统，独特的历史命运，独特的基本国情，注定了我们必然要走适合自己特点的发展道路。对我国传统文化，对国外的东西，要坚持古为今用、洋为中用，去粗取精、去伪存真，经过科学的扬弃后使之为我所用"[1]。这意味着马克思主义基本原理在同中国具体实际不断结合的同时，更应接续以往，深入到中华文明的内在机理中进行更高层级的结合。因此，习近平总书记在 2023 年 6 月 30 日二十届中央政治局第六次集体学习时指出："我们必须坚持马克思主义这个立党立国、兴党兴国之本不动摇，坚持植根本国、本民族历史文化沃土发展马克思主义不停步，坚定历史自信、文化自信，坚持古为今用、推陈出新，以马克思主义为指导对中华五千多年文明宝库进行全面挖掘，用马克思主义激活中华优秀传统文化中富有生命力的优秀因子并赋予新的时代内涵，将中华民族的伟大精神和丰富智慧更深层次地注入马克思主义，有效把马克思主义思想精髓同中华优秀传统文化精华贯通起来，聚变为新的理论优势，不断攀登新的思想高峰。"[2]

---

1 《习近平谈治国理政》第一卷，外文出版社 2018 年版，第 156 页。

2 《习近平在中共中央政治局第六次集体学习时强调　不断深化对党的理论创新的规律性认识　在新时代新征程上取得更为丰硕的理论创新成果》，《人民日报》2023 年 7 月 2 日。

作为中国共产党取得一个又一个历史性成功的"最大法宝","两个结合"尤其是"第二个结合",既是我们党对马克思主义中国化时代化历史经验的深刻总结,也表明了我们党对中国道路、理论、制度的认识达到了新高度,这是对理论和制度创新孜孜以求而结出的硕果。

三、"第二个结合"的核心要义

正如上文所言,文化传承发展座谈会讲话中所揭示的"第二个结合"的五方面核心要义是一个丰富而严密的逻辑体系。五方面内容,彼此间既是步步深入的意蕴递进,形成了一种层次分明的思想脉络;同时又是相互作用的深度嵌套,构建了一种熔于一炉的理论工具。其深邃的理论性与鲜明的实践性,无疑值得学术界、理论界详加研讨。

(一)"结合"的前提是彼此契合

不言自明,马克思主义基本原理同中华优秀传统文化相结合,既不是生搬硬套,否则注定造成方凿圆枘;亦不是排列组合,如此必将流于形似神异。讲话中所强调的"彼此契合",大概至少涵括三层考虑。

其一,"彼此契合"的前提是承认双方的异与同。毋庸置疑,马克思主义与中华优秀传统文化,来源于不同的文化土壤,产生于悬殊的时代背景,属于两种思想文化系统。马克思的思想理论源于其所处的时代又超越了那个时代,既是那个时代精神的精华又是整个人类精神的精华。中华优秀传统文化是中华民族的文化根脉,其蕴含的思想观念、人文精神、道德规范,不仅是我们中国人思想和精神的内核,对解决人类问题也有重要价值,这取决于中华文明的开放与包容。中华文明从来不是用单一文化代替多元文化，而是由多元文化汇聚成共同文化，从而具备了化解冲突，吸纳外来文化的胸怀与能力。恰如许倬云先生所认为的："中国文化真正值得引以为荣处，乃在于有容纳之量与消化之功。"[1] 职是之故，作为两种不同的思想文化体系，相异希冀互补，相同便可对话。因此，马克思主义一旦进入中国，被先进人士所掌握与运用，迅速呈现出万钧之力，改造了既有的中华文化，催促其实现故物重光。

其二，"彼此契合"的态度是结合双方的主体对等。细细梳理数百年中西文化的交融历程，不是每一幕都和风细雨，且近代以来多为暴风骤雨，中国文化与诸多源自西方的文化思潮相遇与交锋，有同气相求，但更多的是误会、碰撞乃至质疑、排斥，于是"西学中源""中体西用""全盘西化"等提法或解释框架纷纷登场，这些理论非但没有使中华文明迎来新生，反而加剧了近代以来国人的焦虑与迷茫，中国思想文化界陷于深深的"古今中西之争"中。揆诸史实，不难看出近代的中西文化态势并不是对等的，而是西方文化的强势侵入，正如民国学者蒋梦麟所描绘的景象："西方文化在法国革命和工业革命之后正是盛极一时，要想吸收这种文化，真像一顿饭要吃下好几天的食物。如果说中国还不至于胀得胃痛难熬，至少已有点感觉不舒服。因此中国一度非常讨厌西方文化，她惧怕它，诅咒它，甚至踢翻饭桌，懊丧万分地离席而去，结果发现饭菜仍从四面八方向她塞过来。"[2] 一种文化欲图侵占一种文化的原有版图，并渐生取而代之、整体消灭的念头，何谈结合？因此，马克思主义基本原理同中华优秀传统文化相结合的可贵之处，就在于是两大思想文化主体的平等对话、对等融汇，这化解了长期以来文化问题中时间上的古今错位、空间上的中西对

1　许倬云：《万古江河：中国历史文化的转折与开展》，湖南人民出版社2017年版，第5页。

2　蒋梦麟：《西潮·新潮：蒋梦麟回忆录》，新星出版社2016年版，第211页。

立，是对一切"非此即彼"式关系的辩证地扬弃和历史地克服。[1]

其三，"彼此契合"的实现端赖于中国共产党人。依据常识即可判断，纵使马克思主义基本原理同中华优秀传统文化具备着无数高度契合的结合之处，倘无主体推进实施，依旧是一场梦呓，并无实质改观。接续前论，"第二个结合"的过程，实际上属于一种"有选择性的亲和"，这要求中国共产党人用马克思主义基本原理激活长存华夏文明之内的文化基因，为优秀文化久久承继弘扬创造条件。这恐怕就是讲话中再次强调"中国共产党既是马克思主义的坚定信仰者和践行者，又是中华优秀传统文化的忠实继承者和弘扬者"的指向所在。

（二）"结合"的结果是互相成就

顾名思义，互相成就意味着结合的两大主体在极为复杂而深刻的创造与转型中取长补短、实现超越。那么，这种意义上的"结合"既不能是简单数量叠加的"物理反应"，也不是推倒重来的"虚无主义"，而是经过一次次碰撞、互动、会通而实现螺旋式上升后的血肉相连、水乳交融，乃至基因重组，这实际上属于极为复杂而深刻的"化学反应"，否则不能称为"造就了一个有机统一的新的文化生命体"[2]。

深刻把握"互相成就"这一主题，大致需要注意两个问题。首先，要深谙"互相成就"的具体条件。回顾人类文明史，一种外来文化能够在另一个文明体内获得较快发展，甚或于短期内与既有本土文化相互融通进而跻身主流位置，必然具备如下因素。第一，该文化自身必须是一种优质文

1　何中华:《马克思与孔夫子：一个历史的相遇》，中国人民大学出版社 2021年版，第 26 页。

2　习近平:《在文化传承发展座谈会上的讲话》，人民出版社 2023 年版，第 6 页。

化，且具有强大的生命力、革命性与对话能力；第二，与外来文化相接触的本土文化已经逐渐不适应社会实践的发展态势，亟待更新和转型，且只靠内在力量短期内极难实现；第三，该外来文化介入的方式，绝非替代或消灭本土文化，而是采取融合的模式，极大程度上完成该区域文明的新陈代谢，同时保存本土文化的优秀文化基因和宝贵元素，并与之深相贯通，实现深层次和高层次的本土化转换。易言之，本土文化的现代转型与外来文化的民族化转换是一个同时发生、相向而行的同步过程，也是一个通过深度互动而重塑主流的过程。具体到"第二个结合"，近代以来，马克思主义把先进的思想理论带到中国，以真理之光激活了中华文明的内在基因，引领中国走进现代世界，推动了中华文明的生命更新和现代转型。从民本到民主，从九州共贯到中华民族共同体，从万物并育到人与自然和谐共生，从富民厚生到共同富裕，中华文明走出了"山重水复疑无路"，迎来了"柳暗花明又一村"，实现了从传统到现代的跨越，发展出中华文明的现代形态。

其次，要明确"互相成就"的实质过程。"第二个结合"既然是深刻的"化学反应"，它必然要经历一个极为繁复多变的历程，但并非无规律可循。按照文明交融的一般情形，本土化往往即外来文化在异质文化氛围中经过长时段全局性的融通、结合以至同化后重新获得一种带有深刻本土化烙印的新形态。马克思主义中国化时代化亦复如此，其通过层层深入的"化"的阶段，最终渐入佳境，实现了与中华优秀传统文化的有机结合。展开讲，主要包括四个层次。先是载体的中国化，即通过传媒、书籍、物质和人的传播与发展；接着是符号的中国化，即将源自欧洲或日本的马克思主义学说经过了解中华文明的学者的翻译与校释，令其易于被中国人所理解，这实际上已开启了不同文化间会通的进程；再次是阐释的中国化，即本土的学者使用中国的语言和文字对马克思主义进行符合中国思维方式、现实需求和文化习惯的解释与研究，逐渐使得其成为"中国的"；[1]最后是实践的"中国化"，即运用已经初步或达到某种程度的"中国化"的马克思主义去解决中国革命、建设、改革发展中所遭遇的实际问题，并在具体实践中越使用越结合，从而持续推进理论的体系化、学理化，形成了丰富系统科学完善的理论体系。

如此循环往复、不懈追求，正如习近平总书记所说："中华优秀传统文化充实了马克思主义的文化生命，推动马克思主义不断实现中国化时代化的新飞跃，显示出日益鲜明的中国风格与中国气派，中国化马克思主义成为中华文化和中国精神的时代精华。'第二个结合'让马克思主义成为中国的，中华优秀传统文化成为现代的，让经由'结合'而形成的新文化成为中国式现代化的文化形态。"[2]

（三）"结合"筑牢了道路根基

毫无疑问，中国式现代化既有各国现代化的共同特征，更有基于自己国情的鲜明特色。党的二十大报告明确概括了中国式现代化五个方面的中国特色，深刻揭示了中国式现代化的科学内涵。从文明赓续与文化转型的角度审视，中国式现代化是中华民族的旧邦新命，必将推动中华文明重焕荣光。"第二个结合"在其中所起的作用，至为关键。

首先，绵延不绝的中华文明与现代化不是对立关系。早在 2013 年，习近平总书记在第十二届全国人民代表大会第一次会议上就指出，中国特色社会主义道路"来之不易，它是在改革开放三十多年的伟大实践中走出

1　张允熠：《四百年中国思想文化之大变局》，商务印书馆 2021 年版，第533—534 页。

2　习近平：《在文化传承发展座谈会上的讲话》，人民出版社 2023 年版，第6 页。

来的,是在中华人民共和国成立六十多年的持续探索中走出来的,是在对近代以来一百七十多年中华民族发展历程的深刻总结中走出来的,是在对中华民族五千多年悠久文明的传承中走出来的,具有深厚的历史渊源和广泛的现实基础"[1]。党中央对于文明连续性的反复强调,无疑表明中华文明自身便蕴藏着现代性的元素,这是我们能够开拓出中国特色社会主义道路的密码所在。"第二个结合"成为衔接古老文明与马克思主义的不二利器,让中国特色社会主义道路有了更加宏阔深远的历史纵深,拓展了其文化根基。

其次,中国式现代化是植根中华文明的现代化。一个国家选择什么样的现代化道路,是由其历史传统、社会制度、发展条件、外部环境等诸多因素决定的。国情不同,现代化途径也会不同。实践证明,一个国家走向现代化,既要遵循现代化一般规律,更要符合本国实际,具有本国特色。既然中国特色社会主义道路是在马克思主义指导下走出来的,也是从 5000 多年中华文明史中走出来的,那么中国式现代化的行稳致远也必须深深扎根于中国的文化基础和深厚的文明底蕴。中华文明涵养了中国式现代化的精神气质。中华优秀传统文化蕴含的许多思想和理念,如天人合一、民为邦本、和而不同、革故鼎新、自强不息、厚德载物、为政以德、天下为公等,具有鲜明民族特色和恒久时代价值,是中国式现代化的重要思想资源,滋养了中国式现代化独特的世界观、价值观、历史观、文明观、民主观、生态观。中华文明形塑了中国式现代化的展开和推进方式,从而有效破解了西方现代化理论的迷思,超越了资本逻辑主宰下物欲泛滥的西方现代化痼疾。

最后,中国式现代化赋予中华文明以现代力量。当然,中国式现代化

---

1 《习近平著作选读》第一卷,人民出版社 2023 年版,第 97—98 页。

本身就是可长可久的中华文明实现自我更新的必然结果，并非文明断裂的产物，亦新亦旧的保障是定期注入不同元素，亘古亘今的前提是时常能够汲取现代力量，这恰是中国式现代化进程题中应有之义。中国式现代化汲取中华优秀传统文化精华，用马克思主义真理力量激活中华优秀传统文化中富有生命力的优秀因子并赋予其新的时代内涵，推动中华优秀传统文化创造性转化、创新性发展，赋予中华文明以现代力量。是故，这是赓续古老文明的现代化，而不是消灭古代文明的现代化；是从中华大地长出来的现代化，而不是照搬照抄其他国家的现代化。

（四）"结合"打开了创新空间

究其实质，作为理论创新的最新成果，"第二个结合"本身就是一种创新，为我们中国共产党科学对待外来真理与自身文明的关系，提供了不可或缺的理论工具。与此同时，这一重大的理论创新，又开启了广阔的理论和实践创新空间。

一方面，"第二个结合"让中国共产党掌握了思想和文化主动，并有力地作用于道路、理论和制度。由此延伸，中国共产党所开创的人民代表大会制度、政治协商制度，与中华文明所独具的民本思想、天下共治理念，"共和""商量"的施政传统，"兼容并包""求同存异"的政治智慧有着千丝万缕的内在关联。再如，自古以来，中国在其独特的空间、时间与历史境遇中形成了九州共贯、六合同风、四海一家的中国文化大一统传统。商周时期，礼乐文明逐渐发达，这为大一统思想的孕育奠定了必要的文化基础，《诗经》里面所宣扬的"溥天之下，莫非王土；率土之滨，莫非王臣"即是最生动的体现。降至春秋战国，周王室衰落，礼坏乐崩，诸侯林立，天下苦乱久矣，反而催生了大一统思想的发展。《公羊传》曰"何言乎王正月？大一统也"，这是"大一统"三字的最早出处。大，意指尊崇；

大一统，即尊崇一统。时值西汉，大儒董仲舒提出："《春秋》大一统者，天地之常经，古今之通谊也。"[1] 自此，大一统主张被汉武帝所采纳，这一理念由书斋进入了庙堂，升格为规范主流思想与国家治理的核心原则，具备了意识形态和政治统驭的双重含义。5000 多年中国史，大一统贯穿始终，延续不辍，代有递嬗。虽然具体的政治制度不断更迭，但其背后蕴含的制度精神内核之一的大一统思想却不曾泯灭，这也启示着后人要善于秉持辩证的态度去继承古代中国制度文明的遗产。要之，大一统传统早已跃出政治实体视域，升华为一种价值观念、意识形态和中华民族共有的历史记忆，熔铸于中国人的心理和行动中，内化为中华民族内心强大的文化信仰和政治使命。正如杨向奎先生所讲，"它是一种理想，一种自民族、国家实体升华了的境界"[2]。该传统不仅具有历史进步意义，而且对维护当代中国的国家统一和民族团结，进行制度设计与创新，仍具有不可或缺的现实意义。今日之中国，我们没有搞联邦制、邦联制，确立了单一制国家形式，实行民族区域自治制度，就是顺应向内凝聚、多元一体的中华民族发展大趋势，也是对中国大一统传统的继承与创新。

另一方面，"第二个结合"是又一次的思想解放。从党的百余年奋斗历程来看，一部党史就是一场持续不断地解放思想的历史，也是马克思主义中国化渐趋深入的过程。五四新文化运动时期，"我国一批先进知识分子和革命青年，在追求真理中传播新思想新文化，勇于打破封建思想的桎梏，猛烈冲击了几千年来的封建旧礼教、旧道德、旧思想、旧文化。五四运动改变了以往只有觉悟的革命者而缺少觉醒的人民大众的斗争状况，实

1　班固撰，颜师古注：《汉书》卷五六，《董仲舒传》，中华书局 1960 年版，第 2523 页。

2　杨向奎：《大一统与儒家思想》，北京出版社 2016 年版，第 1 页。

现了中国人民和中华民族自鸦片战争以来第一次全面觉醒"[1]，为马克思主义实质性地介入中国社会提供了必要的文化条件和思想氛围。延安时期，中国共产党通过整风运动，在学理和行动上清算党内的教条主义错误倾向，极大地促进了马克思主义基本原理同中国具体实际相结合，促成了这种结合的更加深化和自觉，并在党的七大确立了毛泽东思想在全党的指导地位。尤其是问世于此时期的《实践论》《矛盾论》等论著，深刻地揭示了把马克思主义基本原理同中国具体实际相结合的重大意义，也体现了将基本原理同中国历史、中国文化深相结合起来[2]的成功尝试。20世纪70年代末，党内所开展的真理标准问题大讨论，促成了全国范围的广泛而深刻的思想解放运动，为改革开放做了重要的历史准备，从而使改革开放提上日程并诉诸实践。可见，马克思主义中国化的每一个里程碑式的成就，都与思想大解放密不可分。就理论与制度创新的实情而言，要想真正实现大的理论突破与制度构建，必须开启深层次的解放思想。基于此，我们应当从较为宽广和长远的视野来理解"又一次的思想解放"。这要求我们在推进中国特色社会主义道路发展时，在实现强国复兴的愿景中，要时刻以强烈的理论自觉、文化自觉和实事求是的态度，不断反思以往那些习以为常但已落后于时代和实践要求的观念、做法、路径，不被成见所局限束缚，不因陈规而裹足不前，以敏锐的理论意识、勇毅的开拓精神打开更广阔的文化空间。以中国为中心，用中国道理总结好中国经验，把中国经验提升为中国理论，实现精神上的独立自主，充分运用中华优秀传统文化的宝贵资源，在"第二个结合"中实现党的理论、制度等各领域的创新。

1　习近平：《在纪念五四运动100周年大会上的讲话》，《人民日报》2019年5月1日。

2　中央档案馆编：《中共中央文件选集》第14册，中共中央党校出版社1992年版，第41页。

（五）"结合"巩固了文化主体性

依据常识，任何文化要在纷纭复杂的时代变迁中立得住、行得远，必须具备稳固而强大的文化主体性，环顾古今中西概莫能外。须知，主体性是某个主体相对于客体才会内生的一种意识。文化的主体是人，中华民族自然是中华文化的主体，中华文化主体性是中华民族主体性的文化表征，是中华文化在同外来文化交往交流中得以界定自身、规定对话路径的文化立场与态度。

稳固的文化主体性，要有引领力、凝聚力、塑造力和辐射力。强大的文化引领力，才能树立本民族主流的文化形态；强烈的文化凝聚力，才能通过文化的力量与方式润物细无声地塑造一个民族牢固的共同体意识；深厚的文化塑造力，才能因时因势不断与优质的外来文化交流融汇，让自身文明与时偕行、生生不已；深远的文化辐射力，才能构筑与其他文明交流互鉴的桥梁，在坚守本国文化立场的基础上，展现可信、可爱、可敬的本国形象。四方面各司其职，又有机地内聚为一体。

文化自信就来自我们的文化主体性。文化主体性是文化自信的前提，文化自信是文化主体性的重要体现。如果没有文化主体性，我们就难以更好汲取中华优秀传统文化精华，难以对一切人类文明成果择善而从，也不可能有在既定的道路上矢志不渝、奋勇前行的坚定决心、坚强意志。有了文化主体性，就有了文化意义上坚定的自我，有了担负新的文化使命的坚定与自觉。揆诸中国文化主体性之建立过程，它是中国共产党带领中国人民在中国大地上建立起来的；是在创造性转化、创新性发展中华优秀传统文化，继承革命文化，发展社会主义先进文化，借鉴吸收人类一切优秀文明成果的基础上建立起来的；是通过把马克思主义基本原理同中国具体实际、中华优秀传统文化相结合建立起来的。其原创性的理论结晶与贡献，即文化自信。中国共产党人经过 40 多载的摸索与积累，终于提炼出文化自信这样至关重要的原创性理论，且在新时代的伟大文化实践中使之趋于深化与成熟。

习近平新时代中国特色社会主义思想就是当代中国文化主体性的最有力体现。作为"两个结合"光辉典范的习近平新时代中国特色社会主义思想，最为有力地体现了这一文化主体性。习近平新时代中国特色社会主义思想是中华文化和中国精神的时代精华，也是创造属于我们这个时代的新文化的根本遵循，进而亦明确提示我们，我们要建设的只能是"中国的"——即立足于中国的历史与现实情境、适合中国国情、具有中国特质、表现中国气派、蕴含中国精神的人类文明新形态。

综上所述，文化传承发展座谈会上的这篇气势恢宏、意蕴深邃的讲话中，"第二个结合"无疑处于最为关键的位置，也是这篇文献中最能彰显理论创新的内容。悉心梳理与把握"第二个结合"的涵育历程、内在逻辑与核心要义，更便于我们认识到这是中国共产党对马克思主义中国化时代化历史经验的深刻总结，是对中华文明发展规律的深刻把握，表明我们党对中国道路、理论、制度的认识达到了新高度，表明我们党的历史自信、文化自信达到了新高度，表明我们党在传承发展中华优秀传统文化中推进文化创新的自觉性达到了新高度。[1]

在新的历史起点上，为了更好担负起新时代的文化使命，我们当始终坚定文化自信，坚持走自己的路，立足中华民族伟大历史实践和当代实践，用中国道理总结好中国经验，把中国经验提升为中国理论，深化对"第二个结合"的研究与理解；我们当始终秉持开放包容，要以更加积极

---

[1] 习近平：《在文化传承发展座谈会上的讲话》，人民出版社 2023 年版，第 9 页。

主动的姿态与胸怀学习借鉴人类创造的一切优秀文明成果，运用"第二个结合"的理论武器破解盘亘已久的"古今中西之争"，创造一批熔铸古今、汇通中西的文化成果；我们当始终坚持守正出新，要在马克思主义指导下真正做到古为今用、洋为中用、辩证取舍、推陈出新，在推进"第二个结合"中实现传统与现代的有机衔接，建成辉光日新、璀璨浑厚的中华文明。

第九章

"两个结合"视域下的国家治理现代化建设

推进马克思主义中国化时代化是一个追求真理、揭示真理、笃行真理的过程。党的十八大以来，中国共产党勇于进行理论探索和创新，以全新的视野深化对共产党执政规律、社会主义建设规律、人类社会发展规律的认识，取得了一系列重大理论创新成果，其中"把马克思主义基本原理同中国具体实际相结合、同中华优秀传统文化相结合"是探索中国特色社会主义道路中得出的最新规律性认识和理论成果。正如习近平总书记所强调的："历史正反两方面的经验表明，'两个结合'是我们取得成功的最大法宝。"[1] 对"两个结合"特别是"第二个结合"的深入探讨，无疑极有助于我们在返本开新中推进国家治理现代化建设。

一、"两个结合"的理论渊源

"参天之木，必有其根；怀山之水，必有其源。"既然"两个结合"是习近平新时代中国特色社会主义思想中的一个重要原创性命题，我们对其所涉的理论渊源进行循名责实的梳理，则显得格外必要。

---

[1] 习近平：《在文化传承发展座谈会上的讲话》，人民出版社 2023 年版，第5页。

马克思主义之所以能够成为无产阶级的思想武器并在实践中展现巨大效力，与其科学性、实践性、开放性等密切相关，这些本质特性使得科学真理得以与各国的具体实际、文化进行深入结合。这为"两个结合"的提出和推进提供了厚实的理论依据。

首先，马克思主义经典著述中关于如何看待传统文化的观点为"两个结合"预备了学理源泉。第一，马克思主义认为传统文化并非一成不变的僵尸，而是随着现实运动发展的有机体。马克思曾指出，范畴同它们所要反映的关系一样"是历史的和暂时的产物"[1]，传统文化与"一定社会发展形式结合在一起"。第二，马克思主义强调从事现实劳动的人对传统文化具有传承和发展的能动性。马克思明确指出，人绝不是传统的奴仆，而是"自己的观念、思想等等的生产者"[2]。第三，传统文化能在新的社会条件中发挥作用。恩格斯举了平等观的例证，该观念属于历史的产物，既可以资产阶级的面貌示人，也可以无产阶级的形式出现，因此任何一种形式的平等观念都需要"以长期的以往的历史为前提"。"自由""平等""博爱"，这一系列资产阶级革命的口号，"虽然从来没有明确表达出来，却是民族的根本原则"[3]，说明观念型文化可以跨越社会形态存在并发挥一定的功能。第四，传统文化可通过为新的意识形态体系传承获得正当性。例如，法国启蒙运动及之后的大革命就是"用中世纪的、浪漫主义的眼光来看待一切"，紧接着又"去看每个民族的原始时代"，"于是他们在最旧的东西中惊奇地发现了最新的东西"。[4]这充分证明了传统文化与现实间既存在一种显而易见的张力，也隐含不绝如

---

1 《马克思恩格斯选集》第 4 卷，人民出版社 2012 年版，第 415 页。

2 《马克思恩格斯文集》第 1 卷，人民出版社 2009 年版，第 524 页。

3 《马克思恩格斯全集》第 45 卷，人民出版社 1985 年版，第 416 页。

4 《马克思恩格斯文集》第 10 卷，人民出版社 2009 年版，第 284 页。

缕的关联。

其次，"两个结合"符合马克思主义发展的内在要求。众所周知，马克思主义"不是教条，而是行动的指南"。马克思说过："理论在一个国家实现的程度，总是取决于理论满足这个国家的需要的程度。"[1] 恩格斯曾鲜明指出："我们的理论是发展着的理论，而不是必须背得烂熟并机械地加以重复的教条。"[2] 列宁也强调，"我们决不把马克思的理论看做某种一成不变的和神圣不可侵犯的东西；恰恰相反，我们深信：它只是给一种科学奠定了基础"[3]。因而，作为一种开放性的思想体系，马克思主义的实际应用必须同特定的历史条件和具体实际相结合。恩格斯旗帜鲜明地认为："原则不是研究的出发点，而是它的最终结果……不是自然界和人类去适应原则，而是原则只有在符合自然界和历史的情况下才是正确的。"[4] 申言之，当马克思主义开始指导一国或某民族的实践时，就必须牢记要脱下"外国服装"，与该国或民族的文化进行融合。

二、"第二个结合"与深刻把握文化国情

（一）以中国问题为方法是"第二个结合"的立足点

如何正确对待本国本民族之历史文化传统，毛泽东曾有过非常精辟的论断。他指出："从孔夫子到孙中山，我们应当给以总结，承继这一份珍

1　《马克思恩格斯选集》第 1 卷，人民出版社 2012 年版，第 11 页。
2　《马克思恩格斯文集》第 10 卷，人民出版社 2009 年版，第 562 页。
3　《列宁专题文集　论马克思主义》，人民出版社 2009 年版，第 96 页。
4　《马克思恩格斯选集》第 3 卷，人民出版社 2012 年版，第 410 页。

贵的遗产。这对于指导当前的伟大运动，是有重要的帮助的。"[1] 将中国的历史文化遗产转变为方法，申言之，以中国实际为中心，以中国问题为方法，这实际上确立了"第二个结合"最基本的立足点。这提示我们，首先，"第一个结合"是"第二个结合"的思想前提和实践基础。"第一个结合"的主要靶向是要全面精准把握中国社会的基本国情，即社会性质与所处的社会发展阶段、社会生产力与面临的主要矛盾、根本任务与发展道路等诸多问题，并提供科学理论的指导。在此进程中，数代中国共产党人对中华优秀传统文化进行创造性转化、创新性发展所凝聚的成果和经验，为中国共产党人正确看待自身文明提供了思想前提，为马克思主义基本原理同中华优秀传统文化相结合命题的提出奠定了坚实的实践基础。

其次，"第二个结合"是"第一个结合"的历史延伸和文明拓展。广义而言，中国具体实际不仅包含现实的实践生活、实际问题，也包含历史和文化实际。中国文化实际的精华即中华优秀传统文化。虽然我们党在推进马克思主义中国化的过程中从未忽视中华优秀传统文化，但其作为更为基本、更为深沉、更为持久力量的"实际"意义在较长时间没有完全得以开显。进入新时代，随着国内外形势与任务的改变，马克思主义基本原理与具体实际相结合，必然要求进一步与文化或文明更深入地结合。与之相应，与文化或文明相结合，也必然意味着与文化或文明的表现和结果相结合。

（二）"第二个结合"是深刻把握文化国情的关键所在

众所周知，社会发展是由经济、政治、文化等结构要素构成的立体

---

1 《毛泽东选集》第二卷，人民出版社 1991 年版，第 534 页。

动态过程。"第一个结合"在持续深入进展中已经触及社会更为深层的结构——文化国情,急需更为深刻的把握与结合。于是"第二个结合"应运而生,它既是马克思主义中国化持续深入的表现,也是推进中国式现代化、实现中华文明现代赓续的内在要求。可以说,"两个结合"相对独立而又相互联系,领域不同而又交织融合,特点各异而又本质一致,形成辩证统一关系。

尤为值得注意的是,在2023年文化传承发展座谈会上,习近平总书记首次提出"第二个结合"是"对中华文明发展规律的深刻把握"[1],"中华文明发展规律"成为党的理论话语中的一个全新命题。这意味着,只有深入理解中华文明发展规律,才能更深刻把握亦旧亦新、亘古亘今的文化国情,才能通过"第二个结合"这一重大理论工具,"在更广阔的文化空间中,充分运用中华优秀传统文化的宝贵资源,探索面向未来的理论和制度创新"[2]。由此可见,党的十八大以来,党中央对中华文明诸多问题的探讨、关注、强调、深化,绝非仅将其定位于学术或理论层面,这不啻关乎中华民族伟大复兴进程的战略议题。中国共产党在新的时代背景和历史起点上,唯有更清晰地认知自身走过的漫长历程,更准确地解释自身民族的各种特质,更自信地定义自身文明的更新规律,从而彻底摆脱西方现代化理论的诸多迷思,才能真正以强烈的文化主体性,以一种文化意义上坚定自我的姿态,理解并引领中国的过去、现在、未来。既然国家治理现代化须汲古而新、因革熔铸,则必须通过"第二个结合"持续动态把握中国的文化国情。

---

[1]　习近平:《在文化传承发展座谈会上的讲话》,人民出版社2023年版,第9页。

[2]　习近平:《在文化传承发展座谈会上的讲话》,人民出版社2023年版,第8页。

三、中华文明发展规律是国家治理现代化的本土依据

当代中国是历史中国的延续和发展。今日之伟大实践和丰硕成绩，实牢牢扎根于 5000 多年中华文明的延长线上。基于此等定位，当代中国思想文化是中国传统思想文化的传承和升华，当代中国的国家治理体系和治理能力现代化也是中国治国理政传统之自根自生。纵使历来我国惯于且善于从异域文明中汲取政治制度经验，前提须是先与吾国的历史文化传统有一番融合会通，才能真正发生相当的化学作用。反之，脱离中国实际特别是文化国情的制度设计，任凭在他国运行得多么圆通无碍，倘若不化进中国这一片水土，依然难以生根发芽，更何谈大树参天。故我们今日所着重强调的国家治理现代化建设，务必奠基在坚实厚重的自身文明之上，方可达致制度与人事相配合，治理与传统相贯通。其中，中华文明发展规律将发挥甚为重要的作用。

（一）中华文明五大突出特性是当前推进国家治理现代化的切入点

坦率而言，中华文明发展规律的探寻与提炼，是一项长期工程，需一代代学人孜孜以求。就目前而言，中华文明的"五大突出特性"是最新说法，是对中华优秀传统文化中很多重要元素的凝聚。

正如本书前几章所强调的，针对五大突出特性的理解，尚需注意三点。其一，五大突出特性是一个立体有机的特质网络，切忌任意割裂阐释。绵延不绝源于创新不已，达致中和且包容万象，故孕育出胸怀天下、立人达人之和平气象，此即五大突出特性的内在逻辑。其二，五大突出特性是一种蕴藏在文明进程中的基因，切忌流于线性解释。作为有机网络，五

大突出特性早已于数千载历史进程中彼此互化，同时发力，潜移默化地在国人思维、社会风俗、制度沿革中发挥作用，仅靠时间或空间上的分析是远远不够的。其三，五大突出特性是一套理解"何以中国"与"中国何为"的文明工具，切忌陷入溯源圈层。提炼突出特性的一大初衷，当是对深化"两个结合"、更好地实现制度创新提供裨益，因此我们还需秉持和具备致用的意识和能力。这在国家治理现代化领域，体现得尤为明显。例如，考察中华文明进程，我们惯于明其变化，晓其不变。"变"往往即创新性所在，"不变"时常蕴含着连续性。有关案例于中国传统制度层面多有体现。举目历代吏治与人才选拔制度，其变迁轨迹十分明显，大致经历了春秋战国时期的游士风尚、两汉时期的察举制、魏晋南北朝时期的九品中正制、唐宋以降的科举制等几个阶段。制度的损益递嬗，恰与时势世局的转型、剧变一道消长演进，可知用人制度因现实而设，随情形变化或改或废，所以绝无有利无弊之制度，更无千年不变之制度。

与此同时，国家治理的传统宛若一条流淌不息的暗河，历时愈久，积淀愈深，其中默默深藏着万变不离其宗的制度精神。单就用人制度而言，其核心精神，恐怕必须蕴含"公""德""能"三个字。首先是"秉公"。习近平总书记强调："用人以公，方得贤才。公正用人是我们党立党为公、执政为民在组织路线上的体现，应该成为我们选人用人的根本要求。"[1]该原则也是传统用人制度的核心理念。成书于战国时期的《吕氏春秋》，便强调"公则天下平矣，平得于公"。这种秉公的精神在后世延续不辍，深嵌于各种用人制度之中。如东汉王符评价察举制的关键"在于明选"，即公开、公正地选拔人才。科举制更是打破了社会阶层间的界限，美国著名

---

1 《习近平在中共中央政治局第十次集体学习时强调　严把标准公正用人拓宽视野激励干部　造就忠诚干净担当的高素质干部队伍》，《人民日报》2018年11月27日。

汉学家费正清对其高度赞誉，认为"在一个我们看来特别注重私人关系的社会里，中国的科举考试却是惊人的大公无私。每当国势鼎盛，科举制度有效施行时，总是尽一切努力消除科场中的徇私舞弊"[1]。可见，公平公正的传统，与我们当前选用干部的宗旨一脉相承。

其次是"尚德"。《管子·立政》专对国家治乱之原有过精到剖析："一曰德不当其位；二曰功不当其禄；三曰能不当其官。"倘若大臣的德行与地位不相称，功劳与俸禄不相称，能力与官职不相称，让具有能力的小人擅权上位，那么这个国家极可能陷入是非不明、政令不通、正道不行、祸乱不已的险境。北宋史家司马光更是给出了"才者，德之资也；德者，才之帅也"的千古至论。因此，习近平总书记在2018年参加全国人大一次会议重庆代表团审议时强调，党员干部"要明大德、守公德、严私德"，德才兼备，以德为先，政治过硬，这也是我们党一直以来组织工作的优良传统。

最后是"任能"。国以人兴，政以才治，无论国家治理，抑或地方治理，选人用人都是不可或缺、重中之重的工作。汉高祖刘邦在总结西汉建立的成功经验时，认为关键所在便是得人："夫运筹策帷帐之中，决胜于千里之外，吾不如子房（张良）。镇国家，抚百姓，给馈饷，不绝粮道，吾不如萧何。连百万之军，战必胜，攻必取，吾不如韩信。此三者，皆人杰也，吾能用之，此吾所以取天下也。"[2]汉初三杰之综合素养，在当时众多俊杰中属于上上选，他们的功业造就了西汉开国的气象与规模。

可见，我们坚持"第二个结合"，持续推进国家治理现代化，一定要

---

1 ［美］费正清：《美国与中国》，孙瑞芹、陈泽宪译，商务印书馆1971年版，第41页。

2 （汉）司马迁：《史记》卷八，中华书局2017年版，第381页。

从中国古代国家制度和国家治理中寻觅重要的思想源泉，须用其神，非徒学其形。

（二）自主学科体系建设是深化国家治理现代化理论的有力支撑

清代学者章学诚曾提出"六经皆史""道器一体""即器明道"等著名观点，姑且不论其主张之时代背景与学术偏好，个中确实内含着非常有价值的启示：无论哪个时代，皆须处理好政治实践、知识体系与制度建构的关系问题。是故，今日我们看待"第二个结合"与国家治理现代化的关系，探索面向未来的理论和制度创新，无可回避的难题与重点，即加快构建中国特色哲学社会科学。习近平总书记曾指出："哲学社会科学发展战略还不十分明确，学科体系、学术体系、话语体系建设水平总体不高，学术原创能力还不强；哲学社会科学训练培养教育体系不健全，学术评价体系不够科学，管理体制和运行机制还不完善；人才队伍总体素质亟待提高，学风方面问题还比较突出，等等。"[1] 该项工作可谓既立意长远，又迫在眉睫。

揆诸现状，该项建设在民族工作方面颇见成效。进入新时代，习近平总书记立足统一多民族的基本国情，站在治国理政的战略高度，坚守国家总体安全的底线思维，传承马克思主义的民族理论，根植中华民族悠久历史，超越西方民族国家理论，沿着马克思主义中国化的正确方向，构建新时代中国特色社会主义民族理论。我们从历史发展角度提出必须坚持正确的中华民族历史观，这是马克思主义民族历史过程论与中华民族交往交流交融历史规律的深度结合；从共同体角度提出休戚与共、荣辱与共、生死与共、命运与共的共同体理念，这是马克思主义民族交往联合论与中国各

1　习近平：《论党的宣传思想工作》，中央文献出版社 2020 年版，第 218 页。

民族"你中有我，我中有你"客观实际的深度结合；从方法论角度提出正确把握共同性和差异性的关系、中华民族共同体意识和各民族意识的关系、中华文化和各民族文化的关系、物质和精神的关系，这是马克思主义唯物辩证法与中国传统辩证思维的深度结合；从治国理政角度强调中华民族多元一体格局和统一的多民族国家理念，这是马克思主义民族国家理论与中华民族"大一统"演进规律的深度结合。

漫长的中国历史与浑厚的文明积淀，蕴含着丰富深邃的国家治理传统，这是我们通过"第二个结合"推进国家治理现代化的宝贵资源。当然，我们亦须清醒地承认，中国治理传统中也存在明显的历史局限，故当"循其旧法，择其善者而明用之"，在因创结合、熔铸扬弃中实现国家治理的与时俱进。

第十章

"在创造性转化和创新性发展中赓续中华文脉"的提出背景、理论内涵与实践路径

党的十八大以来，以习近平同志为核心的党中央立足巩固文化主体性的高度，极为重视赓续中华文脉、传承弘扬中华优秀传统文化等问题，习近平总书记多次围绕实现中华优秀传统文化创造性转化和创新性发展进行阐述，形成了以创造性转化和创新性发展为核心的文化传承方针（以下简称"两创"方针）。"两创"方针是马克思主义文化传承理论在新时代中国的思想延续和理论表征，是习近平文化思想的一个重大原创性贡献和重要组成部分。

尤其值得关注的是，在2023年6月2日召开的文化传承发展座谈会上，习近平总书记明确指出："只有全面深入了解中华文明的历史，才能更有效地推动中华优秀传统文化创造性转化、创新性发展，更有力地推进中国特色社会主义文化建设"[1]。在同年10月7日至8日召开的全国宣传思想文化工作会议上，党中央又将"着力赓续中华文脉、推动中华优秀传统文化创造性转化和创新性发展"[2]列为指导当前宣传思想文化工作的"七

---

[1] 习近平：《在文化传承发展座谈会上的讲话》，人民出版社2023年版，第1页。

[2] 《习近平对宣传思想文化工作作出重要指示强调　坚定文化自信秉持开放包容坚持守正创新　为全面建设社会主义现代化国家全面推进中华民族伟大复兴提供坚强思想保证强大精神力量有利文化条件》，《人民日报》2023年10月9日。

个着力"要求之一。这充分说明,"两创"方针不仅是弘扬中华优秀传统文化的根本路径,更是中国共产党践行新时代的文化使命的重要方法,也代表了中国共产党文化理论创新的最新成果。时隔一年,习近平总书记在2024年10月28日二十届中央政治局第十七次集体学习时强调:"要在创造性转化和创新性发展中赓续中华文脉。高扬中华民族的文化主体性,把历经沧桑留下的中华文明瑰宝呵护好、弘扬好、发展好。"[1] 该重要论述无疑是对既有说法的更新与深化。锚定建成文化强国战略目标,从中外大势把握其提出的复杂背景,由理论层面剖析其丰富内涵,基于各方经验展望其实践路径,非常必要。

一、历史与时代背景

"在创造性转化和创新性发展中赓续中华文脉"的论断虽正式提出于近期,但其作为"问题"的出现与探究,则有着较为长期的历史背景。在文化传承发展座谈会上,习近平总书记指出:"经过长期努力,我们比以往任何一个时代都更有条件破解'古今中西之争',也比以往任何一个时代都更迫切需要一批熔铸古今、汇通中西的文化成果。"[2] 可以说,如何实现对中华传统文化的传承与发展,构成了近代以降国人破解"古今中西之争"的一项重大议题。

---

1 《习近平在中共中央政治局第十七次集体学习时强调 锚定建成文化强国战略目标 不断发展新时代中国特色社会主义文化》,《人民日报》2024年10月29日。

2 习近平:《在文化传承发展座谈会上的讲话》,人民出版社2023年版,第11页。

（一）中国共产党所担负文化使命的历史选择

中国共产党是具有高度文化自觉和文明意识的政党，党的百年奋斗凝结着我国文化奋进的历史。中国共产党从成立之日起就把建设民族的科学的大众的中华民族新文化作为自己的使命，积极推动文化建设和文艺繁荣发展。毛泽东在《新民主主义论》中说："建立中华民族的新文化，这就是我们在文化领域中的目的。"[1] 正所谓不破不立，新文化的塑造，必然要解决横亘在中华民族面前一百多年的既有难题——"古今中西之争"。

众所周知，中华文明历经 5000 多年绵延而不曾中断，形成了一种独特的传承与发展模式，简要概括即"自根自生"。文明之根自我孕育，其生长历程绝非线性，每到一定时期或阶段，中国文化总会在发展演变中于时间轴或者说"历史"层面上碰到如何处理现代与前代的关系，也会在空间轴或者说"地理"层面上碰到如何处理自我与他者的关系。此种时空的文明碰撞与调适往往会产生危机，故中华文明在看似断裂中实现赓续不辍、自我更新。尤其是作为其核心的思想文化的形成和发展，大体经历了中国先秦诸子百家争鸣、两汉经学兴盛、魏晋南北朝玄学流行、隋唐儒释道并立、宋明理学发展等几个历史时期，这恰恰体现了中华文明突出的连续性和创新性。然而，作为原生型文明的中华文明遭遇了代表次生型文明的西方文明的强烈冲击与挑战，陷入了近代"文明蒙尘"的危难境地。无数先进人士前赴后继，苦苦探索，无论是林则徐、魏源所倡导的"师夷长技以制夷"，抑或冯桂芬、张之洞所提出的"中学为体、西学为用"的文化观，还是胡适等人所主张的"研究问题、输入学理、整理国故、再造文

---

1 《毛泽东选集》第二卷，人民出版社 1991 年版，第 663 页。

明"的全盘西化论，都无法真正解决彼时中国文化面临的"向何处去"之问，更不可能实现中华文明的赓续与更新。之所以如此，著名学者汤一介先生慧眼独具地指出："'全球意识'这是个时代性的问题，这是一个文化发展的'共性'问题；'文化的多元化发展'是个各民族文化所表现的民族特色问题，这是一个文化发展的'个性'问题。在现今任何民族文化的发展都应体现'共性'与'个性'、'时代性'与'民族性'的结合。百多年来中国文化的'中西古今之争'很可能都是由于没有正确解决文化发展的时代性与民族性、共性与个性引起的。"[1]

　　中国共产党既是马克思主义的坚定信仰者和践行者，又是中华优秀传统文化的忠实继承者和弘扬者。1938 年，在《论新阶段》一文中，毛泽东强调："学习我们的历史遗产，用马克思主义的方法给以批判的总结，是我们学习的另一任务……从孔夫子到孙中山，我们应当给以总结，承继这一份珍贵的遗产。这对于指导当前的伟大的运动，是有重要的帮助的。"[2]此后中国共产党始终如一地特别重视中华传统文化的传承发展问题。1990 年 1 月，当时主管意识形态和文化工作的李瑞环在全国文化艺术工作情况交流座谈会上集中阐述了党中央关于弘扬民族优秀文化的若干问题，明确指出："我们的民族文化是随着中华民族的发展而发展起来的，它对于中华民族的形成、繁衍、统一、稳定和自立于世界民族之林，都起了不可取代的巨大作用，有着超越时代的深远影响。"[3]这在改革开放后尚属首次，通篇展现出对待传统文化要保持理解和尊敬的态度。2001 年 7

　　1　汤一介：《略论百年来中国文化上的中西古今之争》，《中国文化研究》2001 年第 2 期。

　　2《毛泽东选集》第二卷，人民出版社 1991 年版，第 533—534 页。

　　3　中共中央文献研究室编：《十三大以来重要文献选编》（中），人民出版社1991 年版，第 856 页。

月，在庆祝中国共产党成立 80 周年大会上，江泽民强调："我国几千年历史留下了丰富的文化遗产，我们应该取其精华、去其糟粕，结合时代精神加以继承和发展，做到古为今用。同时，必须结合新的实践和时代的要求，结合人民群众精神文化生活的需要，积极进行文化创新"[1]。此讲话主旨不仅强调要继承优秀传统文化，还强调要结合时代精神和要求，进行文化创新，可见党的认识较之以往更进了一步。2011 年 10 月 18 日，在党的十七届六中全会上，胡锦涛提出："中国共产党从成立之日起，就既是中华优秀传统文化的忠实传承者和弘扬者，又是中国先进文化的积极倡导者和发展者。"[2]对党的角色给予这样的定位，在党的历史上堪称第一次。随着对自身文化使命认识的不断深化，上任伊始，习近平总书记即强调："中华民族有着五千多年的文明史，创造和传承下来丰富的优秀文化传统。一方面，随着实践发展和社会进步，我们要创造更为先进的文化。另一方面，在历史进程中凝聚下来的优秀文化传统，决不会随着时间推移而变成落后的东西。"[3] 作为原生型文明的中华文明，文明生命体的传承与发展本就是其内在自主的需求，"两创"方针正是新时代中国共产党探索出来的赓续文明、发展文化的有效路径。"两创"方针是化解文化自卑、文化焦虑，避免文化自负，真正树立和巩固文化主体性的必然抉择。

由此可知，"在创造性转化和创新性发展中赓续中华文脉"在新时代的提出，可谓渊源有自、大势所趋。

1 《江泽民文选》第三卷，人民出版社 2006 年版，第 278 页。

2 中共中央文献研究室编:《十七大以来重要文献选编》(下)，中央文献出版社 2013 年版，第 558 页。

3 中共中央党史和文献研究院编:《习近平关于社会主义精神文明建设论述摘编》，中央文献出版社 2022 年版，第 209 页。

（二）党的文化建设理论发展的现实需要

正确对待自己国家和民族的文明，正确对待传统文化和现代文化，是我们党必须把握好的一个重大课题。长期以来，由于诸种原因交织叠加，国人对我国传统文化存在许多不同看法。无论是五四时期的思想检讨，抑或"文化大革命"时期的错误批判，其造成的消极影响至今没有完全消除。即使今天，人们对我国传统文化的态度仍然存在很大分歧。因此，党的文化建设理论必须专就以上问题给出明确回答。

这提示我们一方面要叩问原理，探寻依据。马克思主义经典著述中关于如何看待传统文化的观点为"在创造性转化和创新性发展中赓续中华文脉"储备了宝贵的学理源泉。另一方面要与时俱进，积薪而上。党的十九大报告明确提出："要坚持为人民服务、为社会主义服务，坚持百花齐放、百家争鸣，坚持创造性转化、创新性发展，不断铸就中华文化新辉煌。"[1]党的二十大报告重申："我们要坚持马克思主义在意识形态领域指导地位的根本制度，坚持为人民服务、为社会主义服务，坚持百花齐放、百家争鸣，坚持创造性转化、创新性发展"[2]。"坚持创造性转化、创新性发展"已成为党的文化建设的重要方针，从"双百""两为"到"两创"，彰显了我们党的文化建设理论的新高度。20世纪50年代，我们党总结领导文化工作的成功经验，提出"百花齐放、百家争鸣"，明确了党对文化发展的基本态度，对促进文化繁荣至关重要。到了20世纪80年代，我们党继续总结经验，提出"为人民服务、为社会主义服务"，揭示了中国共产党进行文化建设的根本立场。进入新时代，习近平总书记总结最新经验，提出

---

1 《习近平著作选读》第二卷，人民出版社2023年版，第34页。

2 《习近平著作选读》第一卷，人民出版社2023年版，第35页。

"坚持创造性转化、创新性发展",既体现了文化的传承性,又体现了文化的发展性;统一了文化的本来、外来和未来,统一了文化的过去、现在和将来,把对文化规律的认识提升到一个新的高度,无疑为我们党更好担负起新时代的文化使命提供了重要路径。总之,坚持百花齐放、百家争鸣,坚持为人民服务、为社会主义服务,坚持创造性转化、创新性发展,三者既前后相继,又融为一体,构成了党的文化建设理论中最核心的指导方针。

(三)推进党的理论创新的内在需求

早在 2013 年 8 月 19 日召开的全国宣传思想工作会议上,习近平总书记就提出了有关理论创新的重大议题:"宣传阐释中国特色,要讲清楚每个国家和民族的历史传统、文化积淀、基本国情不同,其发展道路必然有着自己的特色;讲清楚中华文化积淀着中华民族最深沉的精神追求,是中华民族生生不息、发展壮大的丰厚滋养;讲清楚中华优秀传统文化是中华民族的突出优势,是我们最深厚的文化软实力;讲清楚中国特色社会主义植根于中华文化沃土、反映中国人民意愿、适应中国和时代发展进步要求,有着深厚历史渊源和广泛现实基础……独特的文化传统,独特的历史命运,独特的基本国情,注定了我们必然要走适合自己特点的发展道路。对我国传统文化,对国外的东西,要坚持古为今用、洋为中用,去粗取精、去伪存真,经过科学的扬弃后使之为我所用。"[1]"四个讲清楚"意在揭示中国共产党所走的中国特色社会主义发展道路与所延续的中华文明的内在关系,意在说明坚持植根本国、本民族历史文化沃土发展马克思主义的重要性所在。2023 年 6 月 30 日,习近平总书记又在二十届中央政治局

---

[1] 习近平:《论党的宣传思想工作》,中央文献出版社 2020 年版,第 17 页。

第六次集体学习时强调,"始终坚守理论创新的魂和根"。魂在,主体屹立不倒;根固,大树枝繁叶茂。坚持是为了更好地发展,发展也是为了更好地坚持。这愈发凸显出"在创造性转化和创新性发展中赓续中华文脉"的实践价值。

作为新时代中国共产党进行文化发展创造的基本路径,十几年来,"两创"方针所积淀的宝贵理论成果与丰富的实践经验,为党中央明确提出"把马克思主义基本原理同中华优秀传统文化相结合"准备了鲜活且深厚的理论滋养和实践佐证。随着新时代伟大文化变革的推进,党中央对中华优秀传统文化和中华文明创造性转化和创新性发展的力度、广度、深度愈益加大,在此基础上明确提出"在创造性转化和创新性发展中赓续中华文脉"便水到渠成、势所必然。

(四)党进行文明交流互鉴的鲜明主张

2023 年 3 月 15 日,习近平总书记在中国共产党与世界政党高层对话会上正式提出"全球文明倡议",其中第三条倡导"重视文明传承和创新,充分挖掘各国历史文化的时代价值,推动各国优秀传统文化在现代化进程中实现创造性转化、创新性发展"[1]。任何文明的延续和弘扬,皆离不开创新与发展。交流互鉴是每个文明丰富完善的外在助力,而内生的持续创新能力则是其最关键的源头。1978 年以来,中国共产党对外文化交流与文明对话的态度经过了明显的变迁历程。改革开放初期,我们自认发展程度较之发达国家存在明显差距,于是主动借鉴欧美理论资源,积极向先进学习,可谓处于"跟着说"的阶段;然而,在学习借鉴的同时,我们也逐渐

---

1 《习近平出席中国共产党与世界政党高层对话会并发表主旨讲话》,《人民日报》2023 年 3 月 16 日。

意识到，如果缺少自身研究的独创性，体现在具体研究成果上，往往是苦苦追摹他者且印证他者理论之正确，反倒失却了文化主体性，因此部分研究者秉着一种文化对抗的心态甚或姿态对源自西方的理论学说进行批驳，一方面体现出中国理论学术界的文化自觉和自省能力的提升，另一方面也体现出彼时普遍存在的文化焦虑和愤懑，该情形说明我们进入了"对着说"的阶段。随着对自身传统了解趋向深入，同时基于对西方理论资源的更多检视，我们愈发意识到"要按照立足中国、借鉴国外，挖掘历史、把握当代，关怀人类、面向未来的思路，着力构建中国特色哲学社会科学，在指导思想、学科体系、学术体系、话语体系等方面充分体现中国特色、中国风格、中国气派"[1]。这无疑说明我们具备了"自己说"的能力和条件。"人类社会创造的各种文明，都闪烁着璀璨光芒，为各国现代化积蓄了厚重底蕴、赋予了鲜明特质，并跨越时空、超越国界，共同为人类社会现代化进程作出了重要贡献。中国式现代化作为人类文明新形态，与全球其他文明相互借鉴，必将极大丰富世界文明百花园"[2]。今日之中国，当继续竭力探求本民族关心的话题，更须阐发自身的历史文化传统，使其为全世界的文明延续发展贡献独特智慧，在新的历史时期实现"自己说"与"一起说"的双重鸣奏。这也是中国共产党在新时代不断为世界提供全人类共同价值、全球发展倡议、全球安全倡议、全球文明倡议等一系列公共产品的初衷所在。

中国共产党在新时代摸索并积累了新鲜有效的路径：创造性转化、创新性发展，它不仅适用于中华文明的现代转型问题，还应用到马克思主义基本原理同中华优秀传统文化相结合的重大议题，逐渐升格为一种具有普

1　习近平:《论党的宣传思想工作》，中央文献出版社 2020 年版，第 226 页。
2　《习近平出席中国共产党与世界政党高层对话会并发表主旨讲话》，《人民日报》2023 年 3 月 16 日。

遍意义的路径。"两创"方针作为一种行之有效的方法论，无疑具备典范意义，对其他国家民族充分挖掘自身历史文化的时代价值，有着很好的借鉴作用。中国共产党所提出的诸多公共产品的深意，恐怕在于提示各国要在世界百年未有之大变局的"历史三峡"中，慎重考量道路、文明与命运的关系。人类文明的发展顺逆与否，关乎全世界的命运。文明是人类的正资产与不动产，是各国的共同财富。创造性转化、创新性发展，正是继承并增值这份文明遗产的有效工具。

二、理论内涵

理论探讨，贵在循名责实。深入理解"在创造性转化和创新性发展中赓续中华文脉"这一重大论断，我们必须熟谙政治话语所适用的具体语境，了解新时代以来党中央对"中华优秀传统文化"的再估情况[1]，辨析"文脉"的意蕴，梳理"两创"方针的形成过程，把握创造性转化与创新性发展彼此的内在逻辑。

（一）应用语境

对于文化，学界通常有广义、狭义之分。广义的文化概念，指人类所进行的物质的和精神的创造及其全部成果，包含经济、政治、社会生活、思想观念等各方面内容；狭义的文化概念，则专指人类所进行的精神创造及其成果，仅包含思想观念的内容。对此两种文化概念，中

---

[1] 关于新时代中国共产党对中华优秀传统文化的再估与创新，参见本书第五章。

国马克思主义者早已作过认真探讨和明确界定。1923 年，瞿秋白立足唯物史观，指出："所谓'文化'（Culture）是人类之一切'所作'：一、生产力之状态，二、根据于此状态而成就的经济关系，三、就此经济关系而形成的社会政治组织，四、依此经济及社会政治组织而定的社会心理，反映此种社会心理的各种思想系统……" [1] 这很明显是从广义角度来界定文化。1940 年，毛泽东在《新民主主义论》中就狭义文化概念作出界定："一定的文化（当作观念形态的文化）是一定社会的政治和经济的反映，又给予伟大影响和作用于一定社会的政治和经济……" [2] 这里把文化定义为"当作观念形态的文化"，把文化看作人类创造活动中不同于经济、政治的内容，认为文化既建立在一定社会的经济和政治基础之上，又会反过来影响和作用于一定社会的政治和经济，从而清楚地说明了狭义的文化概念。

　　回顾党的发展历程，我们在更多场景和语境中使用狭义的文化概念，所论文化往往是指与经济、政治不相同而又相关联的"当作观念形态的文化"。习近平总书记一方面强调"文化是一个国家、一个民族的灵魂" [3]，另一方面主张"要使中华民族最基本的文化基因与当代文化相适应、与现代社会相协调" [4]。既重视不变的文化基因，又强调创造创新，这就是"两创"方针及赓续文脉所处的应用场景。

　　进而言之，何谓"文脉"？揆诸学界研究现状，大量学人在使用该词汇，但似乎并未给予明确定义，亦未框定其适用范畴。如陈平原立足中国现代文学"断裂性"与"连续性"的视角，努力辨析"千年文脉的接续

1　《瞿秋白文集》（政治理论编）第二卷，人民出版社 1988 年版，第 20 页。

2　《毛泽东选集》第二卷，人民出版社 1991 年版，第 663—664 页。

3　习近平：《论党的宣传思想工作》，中央文献出版社 2020 年版，第 261 页。

4　习近平：《论党的宣传思想工作》，中央文献出版社 2020 年版，第 49 页。

与转化"。[1] 园歌则认为文脉关乎"中华民族五千年来血脉传承、生生不息的精神信仰和生存根基"。[2] 可见，诸君多是就其关怀所在，对"文脉"进行解读与使用。而作为重要命题"在创造性转化和创新性发展中赓续中华文脉"中的"文脉"一词，既非指向不清的泛指，更非点缀性的虚词，自有其清晰的内涵所在。广义来讲，文脉是指一种文明在特定空间与一定时间中孕育而生、绵延不绝的历史与文化范畴，其上延下伸包含着极其广泛的内容。就我国而言，根据党中央有关政策文件的精神，文脉是指中华文明起源与演进的脉络，丰富多样的各类历史文化遗产是文脉的载体，它们涵括收藏在博物馆里的文物、陈列在广阔大地上的遗产、书写在古籍里的文字、传承在无数工匠大师身上的技艺。诸多遗产保留着弥足珍贵的中华文化基因，是中华民族的代表性符号和中华文明的标志性象征，是涵养社会主义核心价值观的重要源泉。[3]

（二）"两创"方针的形成过程

重要的理论创见绝非一朝一夕可以实现，它需要一个较为长期的形成过程，"两创"方针概莫能外。回顾既有的探索情形，大致可分为两个时期："两创"方针的形成阶段与"两创"方针的深化阶段。

正如本书第八章中所梳理的，第一阶段自 2013 年"曲阜讲话"始，至党的十九大报告为结点。不难发现，"两创"方针的形成与当时党中央的重要战略部署同频共振。第一，"两创"方针为培育和践行社会主义核

1　参见陈平原：《千年文脉的接续与转化》，复旦大学出版社 2010 年版。

2　参见园歌：《文脉与根柢：国家治理视野下的中华文化嬗变》，上海人民出版社 2023 年版。

3　参见王学斌：《着力赓续中华文脉、推动中华优秀传统文化创造性转化和创新性发展》，《光明日报》2023 年 10 月 26 日。

心价值观提供丰富的价值资源。一个民族、一个国家的核心价值观必须同这个民族、这个国家的历史文化相契合，同这个民族、这个国家的人民正在进行的奋斗相结合，同这个民族、这个国家需要解决的时代问题相适应。习近平总书记强调："培育和弘扬社会主义核心价值观必须立足中华优秀传统文化。牢固的核心价值观，都有其固有的根本。抛弃传统、丢掉根本，就等于割断了自己的精神命脉。"[1] 这必然涉及中华优秀传统美德、优质传统元素的现代转化与创新的问题。第二，"两创"方针为推进国家治理体系和治理能力现代化提供最深厚的文化软实力。每个国家和民族的历史传统、文化积淀、基本国情不同，其发展道路必然有着自己的特色。一个国家的治理体系和治理能力与这个国家的历史传承和文化传统密切相关，解决中国的问题只能在中国大地上探寻适合自己的道路和办法。习近平总书记指出："中华优秀传统文化是我们最深厚的文化软实力，也是中国特色社会主义植根的文化沃土。"[2] 推进国家治理体系和治理能力现代化，必然要求加强对中华优秀传统文化的挖掘和阐发，把跨越时空、超越国度、富有永恒魅力、具有当代价值的文化精神弘扬起来。第三，"两创"方针也为推进国际传播能力建设提供必不可少的支撑。中华民族有着深厚文化传统，形成了富有特色的思想体系，体现了中国人几千年来积累的知识智慧和理性思辨，这是我国的独特优势。习近平总书记强调："要推动中华文明创造性转化、创新性发展，激活其生命力，让中华文明同各国人民创造的多彩文明一道，为人类提供正确精神指引。"[3] 要围绕我国和世界发展面临的重大问题，着力提出能够体现中国立场、中国智慧、中国

1　中共中央党史和文献研究院编：《习近平关于社会主义精神文明建设论述摘编》，中央文献出版社 2022 年版，第 211—212 页。

2　习近平：《论党的宣传思想工作》，中央文献出版社 2020 年版，第 90 页。

3　习近平：《论党的宣传思想工作》，中央文献出版社 2020 年版，第 228 页。

价值的理念、主张、方案。我们不仅要让世界知道"舌尖上的中国",还要让世界知道"学术中的中国""理论中的中国""哲学社会科学中的中国",让世界知道"发展中的中国""开放中的中国""为人类文明作贡献的中国"。

党的十九大以来,"两创"方针在理论创新领域所发挥的作用愈加明显。比如,2021 年 3 月 22 日至 25 日在福建考察时,习近平总书记强调:"要推动中华优秀传统文化创造性转化、创新性发展,以时代精神激活中华优秀传统文化的生命力。要把坚持马克思主义同弘扬中华优秀传统文化有机结合起来,坚定不移走中国特色社会主义道路。"[1] 这实际上为之后正式提出"两个结合"的重大命题作了铺垫。又如,2022 年 4 月 25 日在中国人民大学考察时,习近平总书记强调:"要以中国为观照、以时代为观照,立足中国实际,解决中国问题,不断推动中华优秀传统文化创造性转化、创新性发展,不断推进知识创新、理论创新、方法创新,使中国特色哲学社会科学真正屹立于世界学术之林。"[2]"两创"方针在理论创新、实践探索中的作用得到充分肯定。再如,党的二十大召开后不久,在河南安阳考察时,习近平总书记指出:"中华优秀传统文化是我们党创新理论的'根',我们推进马克思主义中国化时代化的根本途径是'两个结合'。"[3]这着重强调了中华优秀传统文化在"两个结合"中的重要作用。总之,党的十九大之后,"两创"方针的推进进入了深化阶段,与新时代文化使命的关系更加紧密。

---

1 《习近平在福建考察时强调 在服务和融入新发展格局上展现更大作为 奋力谱写全面建设社会主义现代化国家福建篇章》,《人民日报》2021 年 3 月 26 日。

2 《习近平在中国人民大学考察时强调 坚持党的领导传承红色基因扎根中国大地 走出一条建设中国特色世界一流大学新路》,《人民日报》2022 年 4 月 26 日。

3 《习近平在陕西延安和河南安阳考察时强调 全面推进乡村振兴 为实现农业农村现代化而不懈奋斗》,《人民日报》2022 年 10 月 29 日。

（三）"两创"方针的内在逻辑

作为已经成型的文化指导方针，"两创"方针所蕴含的内在理论逻辑非常深邃，需要专门辨析。[1] 依据党中央的权威说法，"创造性转化，就是要按照时代特点和要求，对那些至今仍有借鉴价值的内涵和陈旧的表现形式加以改造，赋予其新的时代内涵和现代表达形式，激活其生命力"[2]。"创造"意味着对中华传统文化进行加工的路径，那么"转化"就代表它前进的方向。创造性转化是指把中华优秀传统文化的要素、资源经过创造实践转变为另一种新的文化事物，借以形成新的文化品质，从而实现对中国文化资源的再利用，因此其更多偏重传承层面。

"创新性发展，就是要按照时代的新进步新进展，对中华优秀传统文化的内涵加以补充、拓展、完善，增强其影响力和感召力。"[3]"创新"是中华优秀传统文化繁荣发展的动力、途径和手段，那么"发展"就应当按照时代的新情况、新要求和新进步，对它所蕴含的思想观念、道德规范、情感模式、风俗习惯、行为方式、生活品质、科学技术、文学艺术等加以补充、拓展、完善，进行加工、改造、优化、重组，从而赋予它新的特

---

[1]　揆诸学界研究现状，围绕"创造性转化，创新性发展"的研究成果甚多，代表性文章如李维武：《传统文化的创造性转化与创新性发展——对习近平文化观的思考》，《武汉大学学报（哲学社会科学版）》2018 年第 3 期；雒树刚：《坚持创造性转化、创新性发展》，《毛泽东研究》2018 年第 3 期；商志晓：《论创造性转化、创新性发展》，《前线》2022 年第 12 期；涂可国、秦树景：《创造性转化与创新性发展的时代内涵、思想来源与辩证关系》，《周易研究》2022 年第 6 期；李新潮：《中华优秀传统文化创造性转化创新性发展的运行机理》，《理论学刊》2022 年第 2 期。

[2]　习近平：《论党的宣传思想工作》，中央文献出版社 2020 年版，第 57 页。

[3]　习近平：《论党的宣传思想工作》，中央文献出版社 2020 年版，第 57 页。

质、内涵与形式，故其更多侧重于发展层面。

两相比较，"创造性转化"与"创新性发展"确实在所涉范畴、社会要求和时间指向上存在一定差异。但二者拥有共同的根本目标，即实现中华文明的赓续更新；二者实现的条件也高度近似，即对中华优秀传统文化进行深层次、全方位的思想再现、语境重置、辩证择取、时空交融与综合创新。

总之，中华优秀传统文化的创造性转化、创新性发展，是一个动态的、复杂的循环往复、螺旋上升的过程——体现在内涵、主题、技巧、方法、形式、风格、载体等各个方面，因而它们尽管不一定完全是前后相继、相互衔接的两个阶段，但也不是完全分隔、互不相关的两种文化活动，而是构成了互为支撑、相互交融的文化实践。中华优秀传统文化的创造蕴含着创新、转化意味着创新，创造转化体现为去粗取精、去伪存真的扬弃过程，因此它不失为创新性发展的重要途径和重要动力。反过来，创新常常建立在普通的创造基础上，是对创造性转化所形成的新的有益成果的进一步升华。尚需特别注意的是，二者在实际操作过程中，往往是不可分的。

三、实践路径

显而易见，"在创造性转化和创新性发展中赓续中华文脉"既是一项学理性很强的理论命题，更是一种实践性极强的工作要求。综合既有的成功做法和成熟经验，大致可归纳出以下四类实践路径。

第一，给予新义。即针对传统文化中某些既有的重要理念，剔除其糟粕成分，保留其基本精神，并结合新的需求赋予其新的时代内涵。比如，2018 年，习近平总书记在参加十三届全国人大一次会议重庆代表团审议时提出："领导干部要讲政德。政德是整个社会道德建设的风向标。立政德，就要明大德、守公德、严私德。"[1] 旨在落实习近平总书记"领导干部要讲政德"这一重要指示，济宁政德教育干部学院依托济宁市中华优秀传统文化资源富集的优势，以"弘扬优秀传统文化，涵养干部为政之德"为主题，创新运用中华优秀传统文化开展干部教育培训，不断将中华优秀传统文化中符合时代需要的价值内涵创新转化为滋养干部政德修养的思想活水，帮助干部正心明道，依靠中华优秀传统文化的"两创"方针来坚定理想信念。其具体做法如下：一是注重传统与时代结合、传承与发展并举，充分发掘文化经典、历史遗存、文物古迹蕴含的政德教育资源，阐发符合时代需要的新内涵、新价值。通过让中华优秀传统文化"活"起来的方式，将"立政德就要明大德、守公德、严私德"的精髓要义有效且润物无声地贯穿课程之中，从而着力讲透党员干部对党忠诚、为民担当、律己干净的时代要求。二是综合运用课堂教学、现场教学、体验教学、礼乐教学等多种教学方式，把新时代政德要求讲到干部心中、讲进干部脑中。尤其是现场教学、礼乐教学部分，创造性地融汇地方非遗项目、传统曲目和舞台艺术形式，让广大学员在历史遗产、礼乐文化中滋养道德情操，增强政德修养。总体而言，济宁政德教育干部学院在运用中华优秀传统文化开展干部教育过程中凸显出政治性、特色性、创新性和实效性四大特色。

第二，转换形式。即围绕传统文化中老题材或旧模式，主动加以改造转换，赋予其现代表达形式。比如，近年来河南卫视推出的一系列爆款节目，从憨态可掬的"唐宫小姐姐"到翩若惊鸿、婉若游龙的"洛神水赋"，

1　《习近平李克强栗战书赵乐际分别参加全国人大会议一些代表团审议》，《人民日报》2018 年 3 月 11 日。

从"元宵奇妙夜"到"端午奇妙游",都是成功案例的代表。制作团队进而开发出"中国节日"系列节目的 IP 资源,打造唐宫文创品牌,形成《中国节气》《中国发明》《中国家宴》等文化节目集群。节目的推出吸引省内外旅游城市、著名景点纷纷与之开展合作,进而进行定制化视听内容生产、品牌形象塑造、沉浸式演艺引入、文旅项目开发等,实现了流量与口碑双丰收。更为重要的是,这一系列形式或载体的转换,营造了受众乐于接受中华文化的既自在又自洽的氛围,便于久久为功,树立大众的文化主体性。

第三,增补内涵。即对于传统文化一些极具价值且尚需充实的范畴,借鉴和吸收其他文化的有益成分,补充其内涵。如 2023 年 10 月 11 日,在江西景德镇考察时,习近平总书记指出:"中华优秀传统文化自古至今从未断流,陶瓷是中华瑰宝,是中华文明的重要名片。陶阳里历史文化街区严格遵循保护第一、修旧如旧的要求,实现了陶瓷文化保护与文旅产业发展的良性互动。要集聚各方面人才,加强创意设计和研发创新,进一步把陶瓷产业做大做强,把'千年瓷都'这张靓丽的名片擦得更亮。"[1] 除了大力保护古瓷技艺的陶阳里历史文化街区外,景德镇市还拥有陶溪川文创街区。其立足世界瓷都景德镇,以文化为魂,以陶瓷为基,锁定陶瓷 IP,在保护利用陶瓷工业遗产的基础上传承文化基因,通过活力再造、结构改造、环境营造,融传统、时尚、艺术、科技为一体,形成了以艺术展览、国际交流、双创孵化、教育研学、电商直播、创意集市等为特色的多种品牌,持续以"景漂双创"集聚文化人才,以"艺术交流"推动文化传播,以"数字经济"推动文化"变现",以"自主品牌"推动文商融合,开拓

---

[1] 《习近平在江西考察时强调 解放思想开拓进取扬长补短固本兴新 奋力谱写中国式现代化江西篇章》,《人民日报》2023 年 10 月 14 日。

一条陶瓷文化创意发展之路，成为工业遗产成功转型的样本，在业界形成了"陶溪川现象"。

第四，规范完善。即基于传统文化中某些价值元素，根据时代的新要求，不断规范、完善其内容。比如2013年，山东省济宁市泗水县充分发挥中华优秀传统文化教化育人作用，在全省率先提出并创新开设了302个标准化"乡村儒学讲堂"，全县各村居常态化开展授课活动，每年举办"乡村儒学讲堂"3000期以上，提升群众道德素质。2015年，"乡村儒学讲堂"被中宣部列为全国宣传思想文化工作典型案例。其具体做法如下：一是成立专门机构和历史文化资源挖掘专班，保证相关措施得以从上到下，落细落实；二是授课内容择取孝道作为切入点，紧抓个人最基本的道德，进行有针对性的引导；三是授课内容生活化，借助礼仪教育、学习比赛、传统曲艺、道德实践、乡村互助、青少年国学素质提升活动等多种组织形式，赋予讲堂以乡村组织的属性和功能，充分发挥群众的主体作用；四是将乡村讲堂有机融入文旅融合、社会治理、乡村振兴等各项工作和战略之中。十年来，泗水县的有关工作实现了乡村孝老爱亲观念的重塑，百姓精神生活得到了满足，同时地方社会公德意识得到了增强。

总之，我们要深入理解把握"在创造性转化和创新性发展中赓续中华文脉"这一重大论断，锚定2035年建成文化强国的战略目标，坚持马克思主义这一根本指导思想，植根博大精深的中华文明，顺应信息技术发展潮流，通过"两个结合"，深入挖掘和阐发中华优秀传统文化的精神内涵，用马克思主义激活中华传统文化中的优秀因子并赋予其新的时代内涵，从而为发展具有强大思想引领力、精神凝聚力、价值感召力、国际影响力的新时代中国特色社会主义文化提供历久弥新、融汇中外的根脉性支撑。

主要参考文献

《毛泽东文集》第二卷，人民出版社 1993 年版。

《毛泽东文集》第七卷，人民出版社 1999 年版。

《毛泽东选集》第二卷，人民出版社 1991 年版。

《毛泽东选集》第三卷，人民出版社 1991 年版。

《毛泽东著作选编》，中共中央党校出版社 2002 年版。

《建国以来毛泽东文稿》第七册，中央文献出版社 1996 年版。

《邓小平文选》第二卷，人民出版社 1994 年版。

《邓小平文选》第三卷，人民出版社 1993 年版。

《江泽民文选》第二卷，人民出版社 2006 年版。

《江泽民文选》第三卷，人民出版社 2006 年版。

《胡锦涛文选》第三卷，人民出版社 2016 年版。

《习近平著作选读》第一卷，人民出版社 2023 年版。

《习近平著作选读》第二卷，人民出版社 2023 年版。

《习近平谈治国理政》第一卷，外文出版社 2018 年版。

《习近平谈治国理政》第二卷，外文出版社 2017 年版。

《习近平谈治国理政》第三卷，外文出版社 2020 年版。

习近平：《摆脱贫困》，福建人民出版社 2019 年版。

习近平：《高举中国特色社会主义伟大旗帜　为全面建设社会主义现

代化国家而团结奋斗——在中国共产党第二十次全国代表大会上的报告》，人民出版社 2022 年版。

习近平：《论党的宣传思想工作》，中央文献出版社 2020 年版。

习近平：《在文化传承发展座谈会上的讲话》，人民出版社 2023 年版。

习近平：《之江新语》，浙江人民出版社 2007 年版。

习近平：《知之深，爱之切》，河北人民出版社 2016 年版。

本书编写组编著：《〈中共中央关于党的百年奋斗重大成就和历史经验的决议〉辅导读本》，人民出版社 2021 年版。

中共中央党史和文献研究院编：《十八大以来重要文献选编》（下），中央文献出版社 2018 年版。

中共中央党史和文献研究院编：《十九大以来重要文献选编》（下），中央文献出版社 2023 年版。

中共中央党史和文献研究院编：《习近平关于社会主义精神文明建设论述摘编》，中央文献出版社 2022 年版。

中共中央文献研究室、中央档案馆编：《建党以来重要文献选编（一九二一——一九四九）》第十五册，中央文献出版社 2011 年版。

中共中央文献研究室编：《建国以来重要文献汇编》第九册，中央文献出版社 1994 年版。

中共中央文献研究室编：《十八大以来重要文献选编》（上），中央文献出版社 2014 年版。

中共中央文献研究室编：《十八大以来重要文献选编》（中），中央文献出版社 2016 年版。

中共中央文献研究室编：《习近平关于社会主义文化建设论述摘编》，中央文献出版社 2017 年版。

中共中央宣传部编：《习近平文化思想学习纲要》，学习出版社、人民出版社 2024 年版。

中共中央宣传部编：《习近平新时代中国特色社会主义思想学习纲要（2023 年版）》，学习出版社、人民出版社 2023 年版。

中央档案馆编：《中共中央文件选集》第 14 册，中共中央党校出版社 1992 年版。

统　　筹：贺　畅

责任编辑：卓　然

装帧设计：石笑梦

图书在版编目（CIP）数据

新时代文化建设十论 / 王学斌著 . —— 北京 ：人民
出版社，2025. 5. —— ISBN 978－7－01－027204－7

I. G12

中国国家版本馆 CIP 数据核字第 2025H79X36 号

新时代文化建设十论

XINSHIDAI WENHUA JIANSHE SHI LUN

王学斌　著

人民出版社 出版发行

（100706　北京市东城区隆福寺街 99 号）

中煤（北京）印务有限公司印刷　新华书店经销

2025 年 5 月第 1 版　2025 年 5 月北京第 1 次印刷

开本：710 毫米 × 1000 毫米 1/16　印张：14

字数：182 千字

ISBN 978－7－01－027204－7　定价：49.00 元

邮购地址 100706　北京市东城区隆福寺街 99 号

人民东方图书销售中心　电话（010）65250042　65289539